새가 머리 위에 앉았다

김진묵 다큐멘터리 에세이

새

장대를 들고 외줄을 건너온 이에게 물었다

어떻게 건넜는가?

왼쪽으로 기울면 오른쪽으로 옮겼고
오른쪽으로 기울면 왼쪽으로 옮겼다

어떻게 옮겼는가?

모른다
그냥 옮겼다

아무도 가르쳐 줄 수 없다
많은 사람들이 삶의 태클에 걸려
낭떠러지로 떨어지고 있다

제 1 부

새

프롤로그

1
2
3
4
5
6
7
8
9
10
11
12
13
14
15

제 2 부

숲 속의 오두막

16
17
18
19
20
21
22
23
24

에 필 로 그

권말 목차

제 1 부
새

어디로 가는가?

해가 지는 곳, 달이 지는 곳을 향하여 날아간다

지상에서 보는 황혼과 달리

길고 섬세하게 사라지는 태양의 기운-. 약 3시간의 황혼을 볼 수 있는 것은 서쪽으로 비행하는 자만의 특권이다. 삶은 흐르는 것, 우리는 나그네가 아닌가. 나의 유소청년기는 황금빛 추억으로 남고 지금은 중년의 문턱에 와있지 않은가! 비행기가 지구의 자전 속도를 따라잡지 못하는지 서서히 어둠이 내린다. 구름밭 위로 펼쳐진 창백한 허공에 별들이 나타난다. 해가 지는 곳, 달이 지는 곳을 향하여 비행기가 날아간다.

오늘이 음력 열사흗날. 조금 있으면 달이 뜨겠지. 비행기가 구름 위를 날고 있으니 구름에 가릴 염려는 없다. 인도 전통의상인 사리를 두른 여승무원이 저녁을 준다. 숟가락을 들고 음식을 내려다본다. 얼핏 내 콧수염이 어른거린다. 요 며칠 면도를 한 기억이 없다.

나는 어디로 가는가? 엊그제 저녁 시모노세키 가는 배에서 만난 캐나다 녀석 생각이 난다. 자신의 직업을 '커런트'(current)라고 소개하던 젊은이, 우리말로 '흐르는 자' 정도가 될까? 그 멍청한 녀석이 어쩌면 삶의 혜안을 가졌을지도 모른다는 생각이 든다. 서른도 안 된 젊은 친구인데 … 그러고 보니 술자리에서 별말이 없이 상황을 지켜보던 고요한 눈빛이 생각난다. 술자리를 함께한 일본 산케이신문 기자 녀석이 거들먹거리는 것에 비해 현재 일어나고 있는 삶의 모습을 주시하는 듯한 그 눈빛이-.

어두운 하늘, 서쪽으로 나는 비행기 … 고도 1100미터, 시속 1000킬로 … 예정시간보다 늦게 이륙한 때문인지 비행속도가 빠르다. 멀리 희끄무레 태양의 기운이 남아있다. 구름바다 수평선 위에 붉은 기운이 돌고 그 위는 짙은 청색이 감도는 잿빛 하늘 … 허공에는 끝없는 어둠이 펼쳐져 있다.

●

별들이 반짝이는 허공을
비행기가 날아간다. 떠난 지 사흘 … 졸음이 온다. 그동안 제대로 잠을 잔 기억이 없다. 시트를 젖히고 잠이 들었다.

눈을 떴다. 시계가 7시 40분을 가리킨다. 자리를 박차고 일어났다. 머리가 아프다. 엊저녁에 먹은 술이 아직도 덜 깼다. 아침을 먹는 둥 마는 둥 시동을 걸자마자 출발, 오늘도 지각이다. 차가 달리면서 서서히 계기판 온도계 바늘이 올라간다. 교차로로 들어선다. 파란 신호가 황색으로 바뀐다. 가속 페달을 밟는다. 교통경찰이 주의하라고 손짓을 한다. 다음 신호 지나서는 3차선으로 붙는 것이 빠르다. 깜빡이를 켜고 우측 차선으로 들어간다. 1, 2차선은 그대로 서 있는데 우측 3차선은 약간씩 흐른다.

'아침 9시.' 이는 지상명령이다. 오랜 세월, 아침 9시를 위해 단잠을 포기하고 허겁지겁 과속을 했다. 충혈된 눈의 눈곱을 찬물로 닦아내고 9시를 향한 질주가 계속되었다. 매일 아침 9시까지 굴러 내린 돌을 정상에 올려놓아야 했다. 파도가 지속적으로 몰려오듯 9시를 향한 질주가 반복되었다.

직장생활의 스트레스-. 뻔한 이야기 아닌가. 일정한 틀의 반복에서 오는 짜증 같은 것, 조직을 위해 맡은 소임을 다해야 한다는 긴장감, 하나의 나사못으로 정위치에 있어야 한다는 무게감, 최소한의 휴식, 쌓여만 가는 피로, 항상 모자라는 잠, 40대 남자의 사망률이 우리나라가 제일 높다는데 … 대상을 알 수 없는 분노 비슷한 이 감정은 무엇이란 말인가! 건강도 많이 상했다.

오전 9시 5분경 출근, 화장실에 들렀다가 커피를 들고 자리에 앉으면 전화벨이 울린다. 하나의 전화를 받는 동안 또 다른 벨이 울린다. 이렇게 꼬리를 무는 전화는 오전 내내 계속된다. 오후 스케줄을 점검하고 점심식사를 한다. 반복된 삶-.

현재시간 0시 50분, 인도 봄베이 공항. 일본 나리타 공항을 이륙하고 열두 시간을 비행했다. 비행기에서 제공한 음식이 맞지 않아 목구멍으로 계속 신물이 오른다. 어떻게 될 것인가? 모든 것이 편안하게 돌아가지만은 않을 것이다. 봄베이 공항의 컨베이어벨트가 승객들의 짐을 토해낸다. 짐이 나오기를 기다리며 주위를 둘러보니 저쪽에 키 큰 장발의 일본인이 보인다. 고요한 느낌을 준다. 그가 와서 서툰 영어로 어디로 가냐고 묻는다. '모른다'고 했다.

이 책은 나이 마흔 무렵에 쓴 자전적 에세이다. 어느 별 아래, 이름 모를 나무 그늘에서 잠들던 시절의 이야기다. 내게 주어진 시간을 직시하고 음미하겠다는 멍청한 계획에 따라 나를 스치는 것들을 주시하며 쓴 글이다.
내게 불어온 바람 가운데 어느 바람이 진실이고, 내가 본 빛 가운데 어느 빛이 허상인지는 모르겠다. 나의 삶은 좋기도 했고, 나쁘기도 했고, 그저 그렇기도 했다. 이 책은 그 이야기다. 나이 만 서른여덟에 다니던 회사를 그만두고 쓰기 시작한 나의 다큐멘터리다. 멍청한 의식과 바보 같은 눈으로 본 세상 이야기지만 내게는 처연하고 준엄한 삶의 기록이다.

1990년 5월부터 쓰기 시작했다. 30년도 더 된 오래전이다. 이후 첨가, 축소, 왜곡, 과장 혹은 수정되었다. 당시 이 원고는 〈명상나라〉 웹사이트에 소개되어 좋은 반향을 일으켰다. 출판사 여러 곳에서 접근했다. 그들 말은 한결같았다.

'세상은 김선생 뜻을 이해하지 못해요. 한 30년 지나면 모를까 … 이 부분은 요렇게 고치고 요런 것을 좀 넣어주시면-.'

기획 상품으로 베스트셀러를 만들겠다고 했다. 나는 그들의 요구를 들어줄 수 없었다. 나의 행적과 사고를 풀어쓴 다큐멘터리가 아닌가. 일상을 탈출하여 겪은 실제상황과 이를 바라보는 나의 의식을 쓴 것이기에 바꿀 수 있는 일이 아니다. 결국 원고는 잠이 들었다.

'형! 〈새〉 원고 어딨어?'
'컴퓨터 안에 있지.'
'그거 나한테 보내. 내가 한번 볼게.'

숭호 녀석이 문을 두드렸다. 나는 방주 깊이 잠든 원고를 깨워 비둘기 편에 보냈다. 4년 후, 비둘기가 올리브 가지를 물고 돌아왔다.

나의 멍청한 과거사는 물론 한심한(?) 미래까지 꿰뚫고 있는 그의 편집이기에 무참히 난도질한 원고가 왔을 것으로 생각했다.

 '도발적인 부분만 손 좀 봤어. 내용 자체가 순하지 않은데 글까지 원색적일 필요가 없어 … 목소리 큰 부분 볼륨만 좀 낮추었어.'

 원고는 4분의 1로 줄어있었다. 이렇게 30년 동안 잠들었던 〈새〉가 기지개를 켜고 날갯짓을 시작했다.

프롤로그

우리 집 새들은 갇혀 살지 않는다.
새장을 자유로이 드나들며
새장을 집으로 둥우리를 침실로 살고 있다.
이른 아침부터 지저귀며 하늘을 나는 새들

어떤 방문객은 새가 나왔다고 걱정스레 일러주기도 한다.
나와 함께 사는 새들이라면
논리가 맞지 않는다는 듯 고개를 갸우뚱한다.

그 논리에 맞지 않는 이야기를 시작한다.

1982년 5월 오전 7시 30분, 출근길

종점으로 들어가는 시내버스를 탔다. 세 정거장을 가면 버스 종점. 그곳에서 좌석버스를 타면 앉아서 갈 수 있다. 줄을 서서 차례를 기다려 차에 오르니 먼저 오른 이들이 좌석에 파묻혀 눈을 감고 있다. 버스가 출발한다. 차창 밖에 5월의 신록이 피어오른다.

●

1988년 5월, 아카시아 향기 자욱한 아침

출근을 하려고 문을 나서다가 쏟아지는 햇살과 나무들의 싱그러움에 정신을 잃었다. 하늘은 높고 대지에는 생명력이 가득 차 있었다. 어디서 날아왔는지 자그마한 새 한 쌍! 암놈이 앞장을 서고 수놈이 뒤를 따른다. 그들은 건너 산으로 날아간다. 순간, 정신없이 새를 따라 산으로 올랐다. 한참을 오르니 넓은 풀밭이 보인다. 풀잎에 고운 이슬이 맺혀있다. 한적히 흐르는 흰 구름 … 저 멀리 희뿌연 매연 속에 회색빛 도시가 앓고 있다.

'내 정신 좀 봐! 출근을 안 하고 왜 여기 있지?'

정신을 차리고 벌떡 일어나 산을 내려오는데 성난 멧돼지가 쫓아온다. 급해진 나는 칡넝쿨을 잡고 버려진 우물 속으로 피했다. 아차! 바닥에 뱀들이 있다. 내려가지도 못하고 올라가지도 못하고 칡넝쿨에 매달려 있는데 저런! 쥐란 놈이 칡넝쿨을 쏠기 시작한다. 그때 어디선가 벌들이 날아와 칡넝쿨에 집을 짓는다. 이윽고 벌집에서 꿀이 떨어진다. 나는 칡넝쿨에 매달려 달콤한 꿀맛에 취한다.

막연한 두려움. 그야말로 막연하게 다가오는 두려움 … 그 막연함 뒤에는 확실함이 있기에 이 막연함은 더욱 막연해진다. 멧돼지 때문에 이 우물 속으로 들어왔고, 뱀 때문에 칡넝쿨에 매달린 것까지는 어쩔 수 없다고 치자. 문제는 저 쥐란 놈이 세월을 갉아먹고 있다는 사실이다. 그렇다고 막연히 매달려 있기만 할 수는 없는데도 막연히 매달려 있을 수밖에 없는 상황 … 이 막연한 느낌은 지구의 중력이 있는 한 계속될 테고 … 지구의 중력, 삶의 무게-. 많은 사람들이 삶의 무게에 눌려있음을 본다.

의식 밑바닥에 뜻 모를 꿈틀거림이 있다. 잠을 이룰 수 없다. 박차고 일어나 차를 몰고 나갔다. 많은 술을 마셨다. 그럼에도 무언가 놀란 듯 가슴이 가라앉지 않는다. 술도 취하지 않는다. 홀로 새벽 6시까지 마시고 왔다. 얼마를 잤을까 … 눈을 떴다.

방안이 밝고 환하다. 사방을 두루 살펴본다. 창호지에 눈이 부실 정도로 내리 쏘이는 겨울 햇살 … 이불 속의 포근함 … 한낮의 정적 … 한참 넋을 잃고 뜻 모를 환희에 젖어있는데 뭔가 하나 빼먹은 느낌이 있다. 무언가 미흡하다는 생각이 든다. 뭐지? 시계를 보니 오후 1시 … 아! 나는 무릎을 쳤다. 출근을 하지 않은 것이다. 깜빡할 게 따로 있지, 회사 가는 걸 잊어먹다니 … 누적된 피로, 쌓이는 스트레스에 인간 내부의 어떤 안전장치가 작동된 모양이다.

40대 남자 사망률이 우리나라가 세계 제일이라는데 이는 조직생활의 스트레스, 반복되는 리듬, 이런 것 때문이리라. 쌓이는 스트레스를 풀 길은 없고 재미는 하나도 없고, 안식년이라도 있어 한 일 년 푹 쉬면 좋으련만 당장 일이 많으니 쉬겠다는 말은 안 나오고, 게다가 삶은 왜 내 생각과는 정반대로 가는지-. 제일 무서운 놈은 역시 쥐다. 칡넝쿨, 아니 세월을 갉아먹는 무심한 쥐 … 그렇다고 칡넝쿨을 놓을 수도 없고.

이대로 늙는가? 우리 나이 서른여덟, 어린 나이는 아니다. 무엇이 중요한 것이고 무엇이 버려야 할 것인가? 어느 날, 지하철 창에 비친 내 모습이 낯설었다.

●

1974년, 미국 신문재벌 허스트 회장의 딸이

실종되었다. 세계의 매스컴이 떠들썩했다. '거부의 상속녀 실종'… 납치범들은 허스트 양의 몸값으로 상당량의 식량을 빈민들에게 나누어 줄 것을 요구했다. 이들은 SLA(Symbiotic Liberation Army 共生해방군)라는 이념단체임이 밝혀졌다. 어느 날, 은행이 강도들에게 털렸다. 보안용 자동카메라에 잡힌 여인, 알리 맥그로우 비슷한 아리따운 여인이 자동소총을 들고 일사분란하게 움직인다. 허스트 양이다. 괴한들에게 납치되어 몸값 흥정의 대상인 그녀가 저렇게 노련한 은행 강도로 변해있다니-. 다시 사회가 떠들썩했다.

 납치된 허스트 양은 사방에 희게 칠해진 독방에 감금되었다. 천장에 백열등 하나뿐인 방에 방치된 것이다. 외부 자극이 없는 상태 … 주어지는 식사 외에는 변화가 없다. 천장에 걸린 백열등만이 유일한 대상이었지만 곧 무의미해졌다. 시간이 멈추었다. 공포 분노 의문 … 별생각을 다 해 보았지만 그마저 지쳤을 때 … 단조로움의 지속으로 뇌가 텅 비었을 때 … 약간씩 자극이 주어지기 시작했다. 삶에 변화가 온 것이다. 그녀는 반응하기 시작했다. 자극은 반복되었다. 공포와 권태를 거치며 뇌에 입력되어있던 것들이 지워진 상태에서 자극은 비판이나 재고의 여지 없이 뇌에 기록되었다. 반복되어 주어진 논리들-.

'사회의 부조리는 어쩌구 … 자본주의는 인간보다 돈이 우위에 있는 사회로 어쩌구 저쩌구 … 너의 집안은 민중의 기생충으로 … 우리는 사회정의를 위해-.'

그들만의 진리가 그녀에게 입력되어 갔다. 데이터 입력의 키워드는 반복이다. 빈 디스켓에 새로운 프로그램이 입력되었다. 마침내 그녀의 뇌가 변형되었다. 신념이 생긴 것이다.

'그래서 우리는 은행을 털려고 한다. 은행을 터는 일은 참 좋은 일이다.'

목적이 수단을 정당화한다는 그들의 진리에 탄복한 허스트 양은 울면서 자신도 사회를 위해, 인류의 미래를 위해 은행 터는 일에 참가하기를 애원했다. 그녀는 조직의 일원이 되었다. 후에 허스트 양은 체포되었다. 기소되어 재판을 받았지만, 돈 많은 집 딸인 관계로 잘 해결되었고, 자신의 경호인과 결혼하였다.

직공이 되어 나사를 조이는 일만 반복하던 찰리 채플린은 옷의 단추를 잠글 때도 나사를 조이듯 돌린다. 관객들이 와-하고 웃는다. 관객들의 웃음이 울음으로 들린다.

●

공항 컨베이어벨트가

짐을 토해내는 것을 보니 그 반복성이 감탄스럽다. 벨트를 타고 나온 짐들은 주인이 들어내지 않으면 사라졌다가 누군가의 짐 사이에서 다시 나타난다. 계산된 속도, 그에 따르는 소음. 경이로운 수학적 논리가 눈앞에서 펼쳐지고 있다.

이제 어디로 간다? 이 야밤에 남의 나라 공항에서 어디로 갈까? 천장 조명으로 흐트러진 내 그림자를 본다. 여러 개의 그림자 가운데 어느 그림자를 따라가야 할까? 그림자는 빛의 반대 방향에 드리우는 법, 컨베이어벨트처럼 정해진 삶의 방식을 내던지기로 했지만 만만치는 않겠지 … 골드문트가 수도원 담을 넘어 세상으로 나갈 때 이런 기분이 아니었을까? 나는 처음 새장을 벗어난 새처럼 몸서리쳤다. 나는 어느 곳으로도 갈 수 있다. 충만한 자유 … 내 인생에서 처음 마셔보는 자유의 잔이 넘치고 있다. 그런데 … 그런데 … 이 야밤에 남의 나라 공항에서 어디로 간다는 말인가! 넘치는 것은 부족한 것만 못하다고 했다. 이때 흐트러진 내 그림자에 오버랩되는 그림자가 있다. 아까 내게 어디로 가냐고 묻던 키 큰 장발의 일본인이다. 자기는 두 번째 인도 방문이고 '푸나'로 간단다. 내게 갈 곳을 정했는지 묻는다. 나는 그의 그림자를 보며 '푸나'라고 했다.

기적이 일어났다

새들이 날아온다
새장으로 들어간다

1989년 5월 어느 날, 마당 꽃밭 잔디 위에

십자매 새장을 내려놓고 일광욕을 시키고 있노라니 문득 어렸을 때 생각이 난다. 초등학교 들어가기 전 이야기다. 아버지께서 기르는 새가 어쩌다가 새장 밖으로 나왔다. 이 녀석을 잡아 새장에 넣어야 하는데 … 잡으러 가면 달아나고, 잡으러 가면 달아나고, 몰래 다가가면 이내 기척을 알아차리고는 더욱 멀리 날아가는 새 … 쫓아가지도 못하고 망연자실 하늘만 바라보다가 … 결국 새장 문을 연 채 빨랫줄에 걸어놓고 숨어서 엿보던 기억. 그 기억에 따라 새장 문을 열었다.

열세 마리가 사는 새장 … 고요한 정적이 흐른다. 차 한 잔 마실 시간이 지났을까? 한 마리가 열려있는 문턱에 앉는다. 배가 흰 놈이다. 목을 좌우로 흔들며 잠시 바깥세상을 기웃거리더니 돌아선다. 잠시 후 그놈이 다시 문턱에 앉는다. 꽁지를 까딱이며 기웃기웃 새장 밖을 살핀다. 문이 열려있는데도 쉽게 나서지 못하고 있다. 둥우리 위에서 햇볕을 쬐는 놈, 모이를 먹는 놈 … 시간은 고요히 흐르고 새장은 여느 때 같이 평온하다.

다시 차 한 잔 마실 시간이 지났을까? 한 녀석이 문턱에 선다. 아까 그 녀석이다. 꽁지를 몇 번 까딱이며 바깥을 기웃, 조심스레 새장 밖 잔디 위로 내려앉는다. 녀석은 잠시 바닥에서 뭔가 쪼더니 놀란 듯 새장 문턱으로 올라선다. 잠시 후, 녀석이 다시 나선다. 그동안 녀석의 행동을 애써 외면하던 무리 가운데 한 마리가 그를 따라 조심스레 나선다. 또 한 마리가 밖으로 나선다. 그리고 또 한 마리 … 또 한 마리 … 새장 안의 식구들 모두 기웃거리며 바깥으로 나왔다. 그러나 뭐가 두려운지 새장 곁을 떠나지 않는다. 태양이 기울자 새들은 둥우리에 들어가 잠을 청한다. 새장 문을 열어둔 채 향나무 가지에 걸었다.

찌르륵 찍 찍
새들이 지저귀는 소리에 잠을 깼다.
창을 열었다.
새들이 오월의 아침을 날고 있다.

떠오르는 햇살을 맞아 춤추고 노래하는 새들
한 마리가 잎새 무성한 목련나무 속으로 숨는다.
그를 따라 한 마리 … 또 한 마리 …
이슬이 배어있는 나무에서 새들의 노래가 들린다.

기적이 일어났다.
날개가 생겼다.

하늘을 날 수 있는 날개가 생기다니 …

밤사이 기적이 일어났다. 그러나 새들은 무엇엔가 떨고 있다. 자신들의 날개로 바람을 차고 오르면서도 날 수 있다는 사실이 믿기지 않는 모양이다. 알 수 없는 커다란 기운에 휘말린 듯 떨고 있다. 나는 새들이 새장 속의 안정을 택할 것인가 미지의 자유를 택할 것인가 망설이는 것을 보았다. 그리고 어쩔 수 없이 새장을 벗어나 힘차게 날갯짓하는 것을 보았다. 처음 새장을 벗어났을 때는 어떻게 해야 할지 멍한 모습이던 새들이 하루 이틀 동네 지리도 익히면서 서서히 한 마리의 새로 변한다. 그들의 환희에 찬 울음소리-. 태양을 향해 비행하는 새들.

●

새들이 애초에 새장에서 생겨나지는 않았을 것이다. 그들의 조상 누군가가 인간에게 잡혀 모진 목숨 이어가다 오늘에 이르렀겠지. 그렇다고 그들을 놓아준다는 것은 어린아이를 숲에 버리는 것과 같은 것. 그들의 습성과 언어를 이해하는 따뜻한 보살핌 없이 새장 밖 생존을 보장하기는 어렵다. 최선의 방법은 무위의 보살핌이다. 보살핌이 있되 새들이 알지 못하는-.

새들을 보살필 때 잊지 말아야 할 것은 그들은 사람의 간섭을 싫어한다는 것이다. 기본적인 손길, 모이를 주고 볕을 쪼이고 쥐나 고양이 등 외부의 적으로부터 보호해 주는 것, 그 이상의 보살핌은 그들이 반기지 않는다. 오디오 세트를 선물하거나 용돈을 줄 수는 없는 일-. 황금 새장도 의미가 없다. 기본사양만 갖추어지면 그들은 곧 사랑에 빠지고 알을 낳는다.

많은 새들을 좁은 새장에서 기르면 스트레스에 히스테릭해 진다. 그래서 다른 놈들의 꼬리털을 뽑는 습성을 가진 놈들이 생긴다. 작은 나뭇가지나 풀잎을 물어다 둥지를 짓던 습성의 흔적일 것이다. 뽑히는 놈도 별 반응이 없다. 좁은 새장에서 날아다닐 일도 없는데 꼬리털이 무슨 소용이 있을까마는-. 시장에서 새를 사는 사람들은 꼬리털이 있는 멀쩡한 놈을 사는데, 이놈이 바로 꼬리털을 뽑는 놈이다. 자기 꼬리털을 자기가 뽑을 수 없기 때문 … 언젠가 방송 원고가 '사회지도층의 도덕성'에 대한 … 뭐 이런 것이다. 나는 피디와 작가를 불렀다. '지배층을 잘 못 쓴 거 아니냐?' 작가가 인간에 대한 통찰이 부족한 것이려니 생각했다. 지배층은 실존이지만 지도층은 개념이다. 인간사에서도 멀쩡한 놈들이 사회를 어지럽힌다. 꼬리를 뽑힌 자들은 사회를 어지럽힐 힘조차 없다. 멀쩡한 새들의 이러한 좋지 않은 습관은 큰 새장으로 옮기면 금방 없어진다. 꼬리털을 뽑힌 놈들도 금방 원상태로 회복된다.

아직 젖살이 채 빠지지 않았고 종아리가 포동포동하고 앙증맞게 작은 신발을 신었을 때이니 내 나이 다섯 살이나 되었을까? 아버지께서 백문조 한 쌍을 사오셨다. 나무로 만든, 전면만 창살로 되어있는 새장에-. 이것이 나와 새의 첫 만남이다.

어느 일요일 아침, 잠자리에서 일어나 새장으로 갔다. 엄마와 아버지께서 휴일을 즐기시는지 안방에 누워 말씀을 나누는 소리가 두런두런 들리는데 … 새장에는 어떻게 들어왔는지 쥐 한 마리가 우왕좌왕하고 있고 새 두 마리는 죽어서 바닥에 떨어져 있다. 이것이 나와 새의 첫 헤어짐이다.

새들은 좁쌀이나 풀씨 등 작은 알곡을 먹는데 사람들이 알곡의 껍질이 수북이 쌓여 있는 것을 보고 모이가 남은 것으로 착각하는 경우가 많다. 새는 만 하루를 굶으면 죽는다. 그때 새장은 치명적인 벽이 된다. 마치 침몰하는 배에 쇠사슬로 묶인 노예들처럼….

중학생 시절, 여름날 오후. 새장의 물이 말라버린 상태를 발견했다. 급히 물을 주니 한 놈이 잽싸게 날아와 목을 축인다. 그런데 한 놈이 졸고 있다. 암놈이다. 물 한 방울을 손가락에 묻혀 부리 위에다 떨어뜨렸다. 힐끔 눈을 뜨더니 세상만사가 귀찮은 듯 스르르 눈을 감는다. 꿈꾸는 듯한 모습이다. 그러더니 서서히 몸을 떨기 시작한다. 다시 물 한 방울을 부리에 떨어뜨렸다. 이번에는 눈을 뜨지 않는다. 언덕을 굴러 내려가기 시작한 수레처럼 급격히 죽음으로 떨어지고 있음을 알 수 있다. 경련이 심해지는가 싶더니 바닥으로 떨어진다. 갑자기 수놈이 큰소리로 우짖으며 좁은 새장 속을 날아다닌다. 마지막 배웅을 하는 것이다. 잠시 후 의식이 끝나고 새장은 다시 평온을 되찾았다. 모이가 떨어져 새가 죽은 경우는 여러 번 있었지만, 물이 떨어져 죽은 경우는 처음이다. 창살이 없었다면 물이 있는 곳으로 훨훨 날아갔으련만─.

●

새장은 위험한 곳이다

그렇다고 새들이 새장 밖을 탐하는 것도 아니다. 그들에게 바깥세상은 그리운 대상이 아니다. 고향이 없는 이가 고향을 그리워할 수 없는 것과 같은 이치다. 야생의 새를 잡아 가두면 탈출을 꾀하지만 시장에서 거래되는 새들은 새장 밖을 향한 마음이 없다. 마음이란 경험이 축적된 것이라 했다. 그런데도 우리는 새들이 때를 봐서 도망간다고 생각한다. 새들이 새장 밖을 탐하고 있다고 판단하는 우리의 통념은 틀렸다.

　세상과의 통로, 그러니까 문을 열어놓으면 새들은 두려워한다. 미지의 세계가 두려운 것이다. 날아본 적도 없고, 스스로 먹이를 구해보지도 않은 상태에서 광활한, 아니 얼마나 넓은지도 모르는 새장 밖의 세계는 두려운 대상이다. 그 두려움에 선뜻 새장 밖으로 나올 수 없다. 그들은 열려있는 문을 애써 외면한다. 그러나 그 문으로 불어오는 바람을 언제까지 모른 척 할 것인가. 결국 유전자에 남아있는 흔적에 따라 하늘을 날며 건강한 울음을 운다. 나는 그들이 그렇게 아름답게 우는 소리를 들어본 적이 없다.

　이렇게 십자매 열세 마리가 새장 밖의 삶을 시작했다. 집 근처 숲 속을 거닐다가 그들의 노래를 듣기도 하고 덤불 속에 모여 재잘거리는 모습을 보기도 한다. 멀리 약수터에서 만날 때는 그렇게 반가울 수가 없다. 우연히 만난 건지 녀석들이 나를 따라온 건지-. 그들이 푸른 하늘을 머리에 이고 힘차게 도약하는 모습에서 생명과 자유의 함수관계를 알 것도 같다. 아침이면 이들의 배웅을 받으며 출근한다.

　주말이라 회사에 갔다가 일찍 들어왔다. 쉬익-, 먼 하늘에서 새들이 날아온다. 허공에서 하나, 두울, 셋 삼 단계 브레이크를 걸어 속도를 늦추고는 쏙~ 미끈하고 노련하게 새장으로 들어간다. 모이를 먹고 목을 축이고는 재잘재잘-. 신이 났다. 어디서 잘 놀다 온 모양이다. 새장 안에 활기가 가득 찼다. 다시 부리나케 어디론가 날아간다. 그날 저녁 한 마리가 돌아오지 않았다.

하늘에서 동아줄이 내려온다

새는 날아가는 곳이 길이라고 했다

봄베이공항 택시서비스센터에서

기차역으로 가는 택시 표를 구했다. 택시 표를 들고 공항을 나섰다. 새벽 3시인데 후끈한 공기에 숨이 막힌다. 더불어 이상한 냄새도 나는데 느낌이 좋지 않다. 냄새는 그렇다 치고, 이 야밤에 웬 인파란 말인가? 문 앞에는 난민 흡사한 사람들이 장사진을 치고 있다. 노인도 있고 아이도 있다. 말로만 듣던 그 유명한(?) 인도 거지들인 모양이다. 못 본 척 그들을 헤치고 나오는데 비썩 마른 시커먼 인간이 다가와 손에 든 택시표를 보더니 우리 짐 몇 개를 받아들고 앞서간다. 바닥이 닳아 뒤꿈치가 땅에 닿는 샌들을 신고 있다. 그가 표에 지정된 차를 찾아주더니 손을 내민다. 수고비 … 그것참 난감하다. 누가 짐을 들어달란 것도 아니고, 그렇다고 이걸로 먹고사는 모양인데 그냥 맨입으로 보낼 수도 없고-.

인도에는 거지가 많아 돈을 주면 벌떼같이 몰려든다는 이야기를 누차 들은 기억에 돈을 주고 싶어도 겁이 나서 줄 수가 없다. 할머니 거지부터 젖먹이 거지까지 열댓 개 이상의 눈동자가 지켜보고 있다. 여차하면 손을 내밀며 달려들 기세다. 일을 했으니 안줄 수도 없고, 그렇다고 얼마를 주어야 할지도 모르겠고 … 일단 택시에 올랐다. 열린 차창으로 그의 시커먼 손이 들어온다. 돈을 달라는 것이다. 5루피를 주었다. 우리 돈으로 150원 정도의 액수다.

'와이 스몰 머니?'

꼴에 영어를 지껄인다. 왜 조금 주냐는 것이다. 어쨌든 그에게 돈을 주는 것을 본 예의 그 눈동자들이 양쪽 창문에 매달려 손을 내밀며 저마다 알아듣지 못할 소리로 아우성이다. 이때 택시기사가 무어라 소리치며 시동을 거니 모두 순순히 물러난다.

봄베이 공항의 후덥지근한 공기와 악취를 뚫고 택시가 움직이기 시작한다. 인도는 영국의 식민지였기 때문에 영국의 시스템에 따라 차량은 좌측통행을 한다. 도로의 왼쪽을 따라, 가로등이 듬성듬성한 밤길을 택시가 달린다. 포장상태가 엉망인 도로를 헤드라이트를 켜지도 않은 채 달려간다. 헤드라이트가 망가진 모양이다. 상대편에서 오는 차들도 헤드라이트가 한쪽인 차들이 대부분이다. 깊은 밤이라 그런지 길거리에 차들이 별로 없다. 뿌연 하늘엔 곧 보름달이 될 달이 을씨년스럽게 걸려있다. 밤길을 어슬렁거리는 개들-. 비로소 '인도에 왔구나'하는 생각이 든다.

밤길을 질주하는 택시의 창으로 전개되는 풍경-. 훈훈하고 탁한 밤공기 속에 잠든 희미한 거리 … 울긋불긋한 무늬를 그려 넣은 트럭들이 질주하는데 운전석 옆의 문짝은 없는 것도 있고, 어떤 것은 나무로 대강 만들어 붙인 것도 있다. 게다가

크리스마스 장식하듯 울긋불긋 금박으로 된 술로 장식을 한 것이 유치하기도 하고-. 운전사들이 웃통을 벗고 있는 것이 눈에 들어온다. 더워서 벗은 것이 아니라 가난해서 못 입은 것처럼 보인다. 더구나 매연을 어찌나 뿜는지 숨이 막힐 지경이다.

안개가 낀 듯, 아니면 매연 때문인지 달빛이 탁하다. 그 뿌연 달이 운전석 창에 비쳤다가 좌측 창, 우측 창으로 옮겨 다니는 것으로 보아 상당히 꼬불꼬불한 길을 가는 모양이다. 한 30분 달렸을까? 푸나로 가는 기차역이라고 운전사가 내려준 곳은 … 아니, 지금 새벽 3시가 넘었는데 왜 이리 사람들이 많으냐? 시커멓고 더러운 인간들이 떼 지어 몰려 있다가 택시가 도착하자마자 우르르 몰려들어 말을 걸고 짐을 내려주고 하는데 정신이 하나도 없다. 환영을 하는 건지, 얼을 빼는 건지 … 그런데 이들이 거칠지는 않구나 하는 생각이 든다.

역 구내로 들어섰다. 짜잔! 그 넓은 역 구내에 발 디딜 틈 없이 사람들이 누워있다. 영화 〈바람과 함께 사라지다〉에서 기차역에 부상병들이 쫙 누워있는 장면, 고통스럽다고 아우성치고, 조용한 이는 이미 숨이 끊어진 … 그 장면보다도 천 배나 만 배나 복잡하다. 영화에서도 충격이었는데 이것이 실제상황이라니-. 봄베이라면 세계 굴지의 대도시가 아닌가?

거지들인지, 새벽 열차를 기다리는 인파인지 … 조그만 계집아이까지 있는 5~6명 되는 팀은 가족인 듯하고, 분명 거지로 보이는 이들도 보인다. 잠든 이도 있고 깨어서 흐리멍덩한 눈으로 우리를 바라보는 이도 있다. 맨바닥에 천차만별로 엎어져 있는 모습이 그야말로 가관이다. 그 넓은 역 구내에 백열등이 하나 외롭고, 군데군데 흐린 형광등이 이 광경을 지켜보고 있다. 알 수 없는 악취는 진동하는데 저만치 어디로 연결된 것인지 알 수 없는 예닐곱 개의 선로가 누워있다.

간신히 인파를 헤치고 자리를 잡았다. 후끈한 열기에 가슴을 타고 땀이 흐른다. 이곳의 더위는 냉방이 잘된 곳에서 밖으로 나왔을 때 느끼는 훈훈함과 흡사하다. 기온은 높지만 습도가 낮아 그런대로 견딜만하다. 그런데 알 수 없는 악취에 기분이 좋지 않다. 이 악취는 공항, 아니 비행기에서부터 나던 것이다.

이방인이 나타난 것이 신기한 듯 모두 커다란 눈동자를 굴리며 쳐다본다. 소를 닮은 커다란 눈동자가 신기하리만큼 이국땅에서의 불안감을 씻어준다. 온몸에 흙먼지가 낀 젊은이가 다가와 말을 건넨다. 역시 다 떨어진 샌들을 신었다.

'웨어르 아르 유 고잉?'

어디로 가냐는 것이다. 행색을 보아하니 분명 거지인데 영어를 한다. 그런데 발음이 이상하다. 혀가 똘똘 구르는 것이

단어마다 있는 R을 꼭 발음하고 넘어간다. 몇몇이 둘러서서 쳐다본다. 모두 소 같은 눈망울을 지녔다.

'푸나로 간다. 기차표는 어디서 사느냐?'
'저쪽인데 지금은 문을 닫았다.'
'몇 시에 기차가 있느냐?'
'6시에 있다.'
'얼마냐?'
'얼마다.'
그가 묻는다.
'이건 뭐냐?'
'짐이다.'
'내용물이 뭐냐?'
'뭐다.'
'… 어쩌구'
'… 저쩌구'

스즈끼라는 녀석은 푸나엘 가봤다는 놈이 아무런 정보도 제공치 못하고 있는 가운데 이 인간으로부터 데이터를 입수했다. 다른 인간이 다가와 묻는다.

'웨어르 아르 유 고잉?'
'푸나로 간다.'

'표는 샀느냐?'

앞의 인간과 별반 차이가 없는 내용의 대화를 나누고 나니, 저쪽에서 자면서 뒤척이다가 우리를 발견한 인간이 다가온다.

'웨어르 아르 유 고잉?'

'표는 샀느냐?'

'왜 왔느냐?'

'인도에는 처음이냐?'

기본적인 신상명세와 여행목적, 계획 등을 묻더니 식사는 했느냐 결혼은 했느냐 묻는다. 그리고는 다시 딱딱한 시멘트 바닥에 가서 눕는다. 가만히 보니 이 인간들이 단조로운 삶에 이방인이 나타난 것이 하나의 자극이 된 모양이다. 어항의 물고기가 작은 조약돌을 물었다 놓듯 그냥 말을 시켜보는 것이다. 기본적인 대화가 끝나면 싱거운 듯 다시 가서 잔다.

문제는 이들이 제공하는 정보가 모두 다르다는 것이다. 누구는 철길 건너에서 타라고 하고, 다른 누구는 오후에 기차가 있다고 하고 … 혼란이 오기 시작한다. 후덥지근한 열기에 갈증이 나기 시작한다.

이번에는 키 큰 남자 두 명이 다가와 말을 건넨다. 반소매의 카키색 제복을 입고 총을 들었는데, 순찰 나온 경찰이란다. 총을 보니 미국 남북전쟁 때 쓰던 긴 총, 한 방 쏘고 꼬질 대로 한참 쑤시고 나서 다시 장전해서 쏘는 구식 장총이다. 말이 경찰이지 이들의 행색도 앞의 인간들과 별반 다를 바 없다. 질문도 똑같다. 어디서 왔느냐 어디로 가느냐 아버님은 안녕하시냐 … 어쨌든 이들에게서 나온 정보에 비중을 두고, 먼저 얻은 정보를 종합해서 결론을 내렸다.

 푸나 행 기차는 오전 7시 50분 발
 총 소요시간 5시간 정도
 매표는 역 입구 쪽 창구에서 새벽 6시부터 시작
 요금은 1인당 20~30루피
 특실에는 에어컨이 있음

대강 이 정도였지만 일단 안심은 된다. 만약 이 정보에 차질이 생긴다면? 이번 여행이 진짜 재미있을지 모른다는 생각에 걱정은 되지 않는다.

●

이 악취 속에, 이 열악한 환경 속에

누워있는 인간들 … 같은 하늘 아래 똑같이 두 발을 땅에 딛고 사는 사람들의 모습이 이렇게 다를 수 있을까? 악취와 후덥지근한 열기와 함께 지독한 가난이 피부로 다가온다.

　이들은 왜 모두 어디로 가냐고 묻는가? 내가 내게 묻고 싶은 말인데 … 이번 여행은 내게 많은 변화를 가져올 것이 확실하다. 어떤 축을 중심으로 움직이던 삶에서 축이 없는 삶으로의 변형 … 중심축 없이 비틀거릴 것인가? 아니면 날아오를 것인가? 새는 날아가는 곳이 길이라 했다.

　나는 그렇게 봄베이의 후덥지근한 열기를 마시고 있었다. 이유가 있을 수 없다. 방향과 목적지는 더구나 있을 수 없다. 조금 있으면 먼동이 트겠지 … 이 경이로운 상황을 비춰주는 백열등이 외롭다. 어느 시인의 싯귀가 생각난다. '왜 여기 놓이지 않고 저기 놓였는가, 나무는' … 백열등은 왜 저기 놓였는가.

　돌연, 하늘에서 동아줄이 내려온다. 하늘에서 설렁설렁 내려와 눈앞에서 흔들거리는 동아줄을 본 나는 고민에 빠졌다. 이 줄을 타고 오를 것인가? 줄을 타고 오른 세계는 어떤 모습일까? 무서운 세계는 아닐까? 어쩌면 재미있는 세상일지도 모르잖아? 열려있는 문을 본 새들이 이런 고민을 하지 않았을까? 두려움보다는 유혹이 컸다. 그렇다! 날개가 있다면 바깥세상이 옳다. 나는 떨리는 손으로 동아줄을 잡았다. 그리고 저 백열등처럼 여기에 있는 것이다.

무한한 자유란 막연함의 다른 이름인가

새들이 처음 새장을 나왔을 때
이런 기분이 아니었을까

인도여행을 간다는 내게 누군가

조심하라고 일러준 말이 생각난다. 미국의 어느 교수가 연구차 네팔에 가는 길에 사흘 예정으로 델리에 들렀다가 그곳 뒷골목 허름한 곳에서 평생을 살았다는 이야기. 악취가 풍기고 사람들이 집적거려도 두렵지 않음은 이들에게 위협적인 느낌이 없기 때문이다. 이 가난 속에서 저렇게 선한 눈망울을 지닐 수 있다는 것이 인도의 신비인가?

희끄무레 여명이 밝아오고 태양이 오르기 무섭게 온도가 상승한다. 열차 한 대가 들어온다. 죽은 듯 누워있던 군상들 사이로 술렁임이 인다. 갑자기 역에 생기가 돈다. 이 인파는 지붕이 있는 역에서 하룻밤 쉬어가는 거지들이었다. 이제 출근하는 것이다.

8시가 다 되어 푸나 행 기차표 구입, 지정된 플랫폼에 가서 대기했다. 출근 시간이라 직장에 나가는 듯 점잖은 사람들 모습이 눈에 띈다. 굵은 테의 안경을 쓴 남자, 회색 머리의 중년 신사 … 여기서도 몇몇 인간들이 다가와 말을 시킨다. 말을 시키는 이들은 모두 거지 아니면 건달이고, 점잖은 사람들은 그저 묵묵히 우리 이방인을 보고 있다. 출근을 위해 열차를 기다리고 있는 모습이 우리네 봉급쟁이가 전철을 기다리는 모습과 흡사하다.

미끄러지듯 열차 한 대가 들어와 사람들을 토해놓는다. 기차가 서기도 전에 뛰어내리는 젊은이, 난간에 매달려 기어오르는 녀석 … 부산한 인간사의 아침 풍경이다. 선로 위에서 까마귀 한 마리가 죽은 지 오래된 말라비틀어진 쥐를 무료한 듯 쪼고 있다. 전깃줄 위의 까마귀가 그 광경을 보다가 날아간다. 푸나 행 기차에 올랐다. 특실이라 에어컨이 있다.

기차가 움직인다. 이렇게 나의 삶은 새로운 강물을 따라 흐르기 시작했다. 기분이 좋다 … 슬슬 졸음이 온다. 집을 떠나 세 밤을 지냈는데 그동안 잠잔 시간이 몇 시간이냐? 부산에서 시모노세키 가는 배에서 잠시 눈을 붙였고, 시모노세키에서 도쿄 가는 신간센에서 잠시, 도쿄에서 나리타 공항 가는 리무진에서 한 시간 그리고 비행기에서 한 시간 … 졸릴 만도 하다. 약 한 시간을 깊이 잤다. 생소한 환경 때문인지 잠을 더 자려고 해도 잠이 오질 않는다.

열차 창에 펼쳐지는 삭막한 풍경 … 건조한 대지 위에 커다란 벵갈보리수만이 군데군데 서 있고 누런 황토에서 먼지가 일고 있다. 풀 한 포기 보이지 않는다. 이 흙이 황토가 아니라 모래라면 사막이라고 해야 옳을 것이다. 기차는 느린 속도로 이 황량한 대지를 횡단한다. 소가 끄는 마차가 보인다. 커다란 뿔을 붉게 칠한 것이 인상적이다. 무속적 의미인지 소유권을 나타내는 것인지 알 수 없는 이국적 풍물이 호기심을 자극한다. 진흙으로 만든 토담집이 보인다. 크기는 한국 서민아파트의 작은 방만한데 통풍을 위해 처마 밑에 구멍을 뚫어 놓았다. 토담집 앞에 네 살 정도 되어 보이는 꼬마 녀석이 실오라기 하나 걸치지 않고 서 있다. 그 뒤로 돼지 한 마리가 보인다. 아마 그 집에서 함께 사는 모양이다.

황량한 벌판 위에 가물가물 아지랑이가 피어오른다. 지평선 위로 아지랑이에 굴절된 여인들이 물동이를 이고 간다. 철길 옆 웅덩이에 뻘건 황토물이 고여 있다. 그 물에 뿔이 길고 모양이 흉측한 인도 특유의 시커먼 소 한 마리가 누워 더위를 식히고 있다. 맨발의 여인들이 아랑곳하지 않고 물을 긷는다. 청결이라는 개념은 상상도 할 수 없다. 문자 그대로 공생공존이다. 모습만 사람이지 짐승과 같은 생활상이 아닌가? 어찌 더러운 짐승과 같이 어울려 살 수 있단 말인가. 불쌍하거나 안돼 보인다는 것은 우리와 비교해서 어느 정도 차이가 날 때이지 지금 이 광경은 경이롭다고 밖에는 표현할 길이 없다.

간혹 옥수숫대 같은 것을 기대어 놓고 다 떨어진 천을 씌어 놓은 것이 보인다. 그 밑에 사람들이 옹기종기 모여 있다. 황량한 벌판에서 태양열을 피하기 위한 수단인 모양인데 이것이 그들의 집인 듯 보인다. 그렇다면 보다 크고 안락하게 만들 수도 있을 텐데 … 나무를 주워 오두막이라도 지을 수 있으련만 … 삶에 의지가 없어서 그런가? 이방인이 함부로 판단할 일은 아니다. 옆에는 신석기 시대부터 사용한 듯한 돌로 된 물동이가 덩그마니 누워있다. 이 물동이와 하늘을 가린 천이 이들의 전 재산처럼 보인다. 어쩌면 이들은 문명인들과는 다른 방향을 보고 있는지도 모른다.

●

우리는 짐승을 보고 가난하다고 하지 않는다

나는 여태껏 살면서 가난한 개를 본 적이 없다. 그렇다고 성공한 개를 본 적도 없다. 개는 그냥 개일 뿐이다. 문명의 혜택이라고는 전혀 모르고 사는 사람들 … 쇼핑을 갈 리도 만무하고 그렇다고 은행이나 미장원에라도 들릴 일은 더욱 없겠지. 그들은 그렇게 인간으로 존재하고 있었다. 그들에게 기차에 탄 사람들은 어떤 모습으로 보일까? 같은 인간이지만 너무 멀리 있다는 생각이 든다. 그냥 황량한 벌판에서 그렇게 사는 모양이다.

말로만 듣던 인도, 인도는 신비의 땅이라는데-. 인도라면 이미 핵을 보유한 강국이 아닌가? 그렇다면 역에서 본 그 떼거지들은 무엇이며 나와는 전혀 다른 이 인간들은 누구란 말인가? 이 모습은 가진 자들에게 착취당한 모습도 아니다. 착취를 위해선 최소한의 것이라도 있어야 하는데 이들에게는 착취당할 것이 없다. 이미 착취가 끝난 상태인가? 그렇다고 문명의 독소를 피해 자연과 벗하며 사는 이들이라고도 할 수 없다. 원숭이가 나무 위에서 살고, 여우가 굴을 파고 살듯 이들은 이렇게 살고 있었다. 이 광경은 내가 알고 있는 언어로는 표현이 불가능하다.

●

내가 첫 여행지로 인도를 택한 것에 특별한 이유가 있었던 것은 아니다. 다만, 직장을 그만두고 어디론가 떠난다면 문명국보다는 원시의 모습이 살아있는 곳, 지구촌의 오지가 내가 쉴 수 있는 곳이라는 막연한 생각에서였다. 홍콩이나 뉴욕의 호텔에서 잠든다면 구태여 떠날 이유가 없다. 그래도 이유를 찾아야 한다면 인도의 음악이 '아직도 서구화되지 않았다'는 정보가 계기가 되었다고 할 수 있다.

초등학교 시절, 새 교과서를 받는 것으로 신학기가 시작된다. 음악 교과서를 보면 바하, 모차르트, 베토벤, 슈베르트, 베버, 바그너 등의 초상화와 그들이 남긴 선율의 주제가 악보로 기록되어 있다. 이런 교육을 받고 자란 덕에 나는 소년 시절에 작곡가 안톤 브루크너(Anton Brukner 1824 - 1896)의 교향곡에서 천상을 향해 오르는 고귀한 정신을 보았다. 신부님이었던 브루크너는 장대한 우주를 노래하고 있었다. 그의 교향곡은 인간이 하늘로 오르는 방편이었다. 이런 정신을 만난 나는 누가 시키지 않았는데도 클래식음악을 위해 기(旗)들고 앞서 나가 굳세게 싸웠다. 이렇게 서구음악을 신앙하고 그 성(城)을 지키는 가미카제 지원병이 되었다. 음악은 물론 모든 인류문화의 정점이 서구의 그것이라고 믿었다. 술, 음식, 건축, 예술은 물론 여성의 아름다움도 서구가 위대하다고 믿어 의심치 않았다. 아니 의심이 가능한지도 모르고 살았다. 〈캘리포니아 드리밍〉이나 〈샌프란시스코에서는 머리에 꽃을 꽂으세요〉는 멋있었고, 〈해운대 엘레지〉와 〈목포의 눈물〉은 촌스럽게 느껴졌다. 그러니까 도시 이름조차 서구가 멋있었다.

그러던 어느 날, 우리 국악이 들리기 시작했다. 아차! 이게 뭐지? 브루크너는 하늘로 오르는 계단을 차곡차곡 쌓고 있는데, 우리 음악은 이미 하늘에 있었다. 그리고 보니 윤이상 선생께서 아악(雅樂)을 모티브로 바하 모차르트 베토벤 슈베르트 쇼팽 드뷔시 스트라빈스키로 이어져 내려온 서구 클래식음악의 대미를 장식하고 계셨다.

그런데 인도에서는 서구음악이 발을 붙이지 못하고 있다

는 소식을 어디선가 들었다. 그것이 가당키나 한 일일까? 획일화된 삶의 모습에서, 평균율적인 라이프 스타일에서 죽음을 예감한 내게 인도음악이 서구화되지 않았다는 정보가 크게 작용했다. 음악평론가로 음악에 촉각을 세우고 살아온 내게 '비서구화'(非西歐化)라는 단어가 주는 충격은 컸다. 나는 직접 확인하기로 했다. 음악 취향이 오페라에서 판소리로, 파바로티(Luciano Pavarotti)에서 배호(裵湖)로 경도되던 시기였다.

●

며칠 동안 이빨을 닦은 기억이 없다

게다가 음식이 안 맞는 관계로 입안이 텁텁하다. 이빨은 미끈거리고 혓바닥은 껄끄럽고 … 화장실 옆에 세면대가 보인다. 그 위에는 붉은 페인트로 '음료불가'(No Drinking)라고 쓰여 있다. 그 옆에서 젊은 친구가 손가락으로 이빨을 문지르며 양치를 한다. 잘 되었구나 싶어 배낭 깊숙한 곳에서 치약과 칫솔을 꺼냈다. 치약을 듬뿍 짜서 이빨을 닦기 시작했다. 기분이 좋다. 치카치카 신나게 이빨을 문지르고 나니 살 것 같다. 그런데 물로 양치를 하려니 문제가 생겼다. 세면기의 수도는 꼭지 위의 버튼을 누르게 되어있는데, 꼭지를 누르고 나오는 물에 입을 대려니 세면기가 작아서 수도꼭지에 입이 닿지 않는다. 스테인리스로 된 세면기인데 크기가 꼭 밥그릇만 하다. 두 손으로 물을 받으려는데 수도꼭지를 누를 재간이 없다. 아무리 생각해도 신통한 방법이 떠오르지 않는다. 손이 세 개라면 좋으련만 … 이때 옆 좌석에서 지켜보던 인도 처녀가 수도꼭지를 눌러준다.

'땡큐'

이렇게 고마울 수가 없다. 양손으로 물을 받아 목구멍 깊숙이 담고 푸카푸카 … 웩! 갑자기 구역질이 난다. 아니 이게 웬 냄새냐, 물에서 소똥 썩은 냄새가 난다.

먹는 물은 아닐지라도 양치를 하거나 손을 씻는 물일 텐데 이런 악취가 나다니, 더구나 여긴 에어컨도 있는 특실이 아닌가. 입안에 들어간 물이 목구멍으로 넘어가지 않도록 침을 뱉었다. 계속 뱉었다.

자리에 돌아와 앉았는데도 기분이 좋지 않다. 안 좋은 정도가 아니라 계속 찜찜하다. 다시 세면대로 가서 침을 뱉고 온다. 가만히 생각해보니 이건 보통 일이 아니다. 그 물에 나쁜 균이 얼마나 많을까? 한국 음식점의 정수기로 걸러낸 물도 보건사회부에서 검사를 하니 대장균이 기준치를 넘었고, 비브리오균 같은 것도 검출되었다고 뉴스에서 본 기억이 난다. 지금 이 물은 인도에서도 먹지 말라는 물이 아닌가. 마신 것은 아니지만 내 입안과 혀에 묻은 물, 고개를 젖히고 목젖까지 푸카푸카 … 갑자기 불안해진다. 여시아문(如是我聞), 나는 이렇게 들었다. 외지인이 인도 사람들이 먹는 물을 먹으면 위험하다. 과일도 위험하다고 들었다. 이 물은 빨간 글씨로 '마시지마라'(No Drinking), 그러니까 풍토병에 저항력 있는 인도 사람들도 먹지 말라는 물이 아닌가. 순간 떠오르는 흑백의 느린 화면 … 시커먼 소가 철길 옆 웅덩이에 더위를 식히러 들어간다. 맨발의 여인들이 물을 긷는다. 봄베이역 까마귀가 검은 날개를 펴고 날아간다.

균이라는 놈은 너무 작아서 한 방울의 물에도 몇천, 몇만 마리나 있다는데, 그렇다면 그 잠깐 새에 목구멍으로 넘어간 균이 얼마나 될까. 삼천? 오천? 아냐 이 악취로 봐서 여기에 있는 균은 아주 센 놈이고 밀도도 대단할 거야. 균이란 놈은 환경만 좋으면 자기 몸을 늘려서 둘로 갈라지고 그 두 마리가 네 마리가 되고, 네 마리가 … 8, 16, 32, 64 … 일 초에 한 번씩 세포분열 한다고 치면? 열 마리만 목구멍으로 넘어갔어도 … 아까 손가락으로 이빨을 문지르던 인도 녀석은 저항력이 있어서 괜찮겠지만 나는? 어? 장난이 아니다. 생각해보니 정말 장난이 아니다. 아이고! 이제 나는 죽었구나. 실컷 놀아보고 죽겠다고 새장, 아니 회사를 뛰쳐나오자마자 죽는구나. 막 놀기 시작하려는 참에 죽다니 … 새는 가는 곳이 길이라 했거늘 나의 길은 여기까지구나. 하필 왜 인도로 날아왔을까? 이 역만리 타향에서 난 이제 세상을 떠나는구나. 경원아! 머리 풀어라, 네 아빠 세상 떠난다.

 기차가 어느 역에 선다. 원숭이들이 몰려든다. 사람들이 과자를 던져준다. 작은 원숭이들이 신이 나서 과자를 받아먹는다. 두목인 듯 커다란 원숭이가 이 사태를 물끄러미 바라보고 있다. 두목 원숭이가 과자를 받아먹지 않는 것은 과자가 싫어서가 아니라 자존심 때문인 듯하다.

 기차가 터널을 지난다. 바위를 뚫고 철로를 깔았는데, 바위 깨낸 자리를 다듬지 않고 그대로 둔 것이 오히려 자연미가 있다. 바위틈으로 물방울이 떨어진다. 꽤 굵은 물줄기가 쏟아지는 곳도 있다. 무슨 이유인지 터널 속에 장작으로 불을 지펴놓은 것이 보인다. 어두워서 불을 밝힌 것인지, 너무 습해서 불을 피운 것인지 알 수가 없다.
 기차가 서서히 산악지대를 오른다. 멀리 보이는 산에는 나무가 많다. 지금까지 보던 건조하고 삭막한 풍경과는 대조적으로 숲이 나타나고 조그만 폭포도 보인다. 인도의 다른 모습이 나타나고 있다. 작은 마을을 지날 때는 건널목도 있고, 건널목 주위에는 조그만 가게도 있다. 흰 모자에 흰 옷을 입고 자전거를 타고 가는 중년 남자가 보인다. 짝을 지어 가는 댕기 머리 처녀들도 있다.

기차가 산허리를 올라서니 울창한 숲이 나타난다. 그 숲을 기차가 통과한다. 기차에 타자마자 잠에 곯아떨어진 스즈끼가 졸리운 듯 일어나 배낭을 뒤척이더니 칫솔을 꺼내 문다. 치카치카 신나게 닦더니 배낭 옆주머니에서 물통을 꺼내서 콰르르르 퉤! 기분 좋게 양치질을 한다. 다시 마개를 막고 배낭 속에 쑤셔 넣는다. 눈이 마주치자 내게 미소를 보내고는 다시 잠이 든다. 오후 2시 조금 지나 푸나에 도착했다.

●

1959년인가? 초등학교 입학 무렵

저녁 8시 경이면 전기가 나갔다. 촛불을 켠다. 잠들기에는 아직 이른 시간 … 형제들은 손으로 그림자놀이를 한다. 촛불에 손을 대고 이런저런 모양을 만들면 벽에 다양한 형태가 나타난다. 개, 토끼, 비행기, 권총, 모자 … 그러다가 수수께끼 놀이로 전환한다. '깡통 위에서 춤추는 사람은?' … '교통순경!' 우리는 까르르 웃는다. 네거리 가운데 드럼통을 잘라 만든 단 위에서 교통경찰이 수신호로 차를 유도하는 것을 말하는 것이다.

역 앞에서 교통경찰이 깡통 위에서 춤추고 있다. 더위는 그런대로 견딜만한데 건조한 먼지가 숨을 막는다. 사람들은 왜 이리 많고 길거리를 어슬렁거리는 소들은 또 왜 이리 많으냐? 꽤 지저분한 도시다. 야바위꾼들이 몰려든다. 한 녀석이 친한 듯 말을 건넨다.

'웨어르 아르 유 고잉?'

한 인간이 우리 짐을 챙겨 든다. 세 발 오토바이에다 검은 천막을 씌운 것이 보인다. 이른바 릭샤라는 인도의 대중교통 수단이다. 그 릭샤들이 줄지어 서 있는 곳으로 가 그중 한 대에 짐을 부리고는 손을 내민다. 5루피를 주었다.

'와이 스몰 머니?'

대꾸 없이 릭샤에 올랐다. 그 조그만 릭샤가 출발하는 순간 정신이 아찔하다. 바로 벌집처럼 붐비는 도로로 파고드는 것이 아닌가. 자동차, 릭샤, 자전거, 오토바이, 우마차, 행인에 소들이 어슬렁거리고 똥개들이 진지한 표정으로 어디론가 간다. 안전거리도 없이 트럭 사이로 잽싸게 빠지는가 하면 행인들 사이를 파고들어 교차한다. 서로 눈치껏 피하는 것이다. 그 붐비는 길에 개 한 마리가 우아하게 누워서 주무시고 있다. 이를 피해가느라 모든 행인과 탈것들이 도로 한쪽으로 몰려 북새통을 이룬다. 게다가 우리와는 반대차선을 이용하기 때문에 도저히 도로 상황에 적응할 수가 없다. 저쪽에서

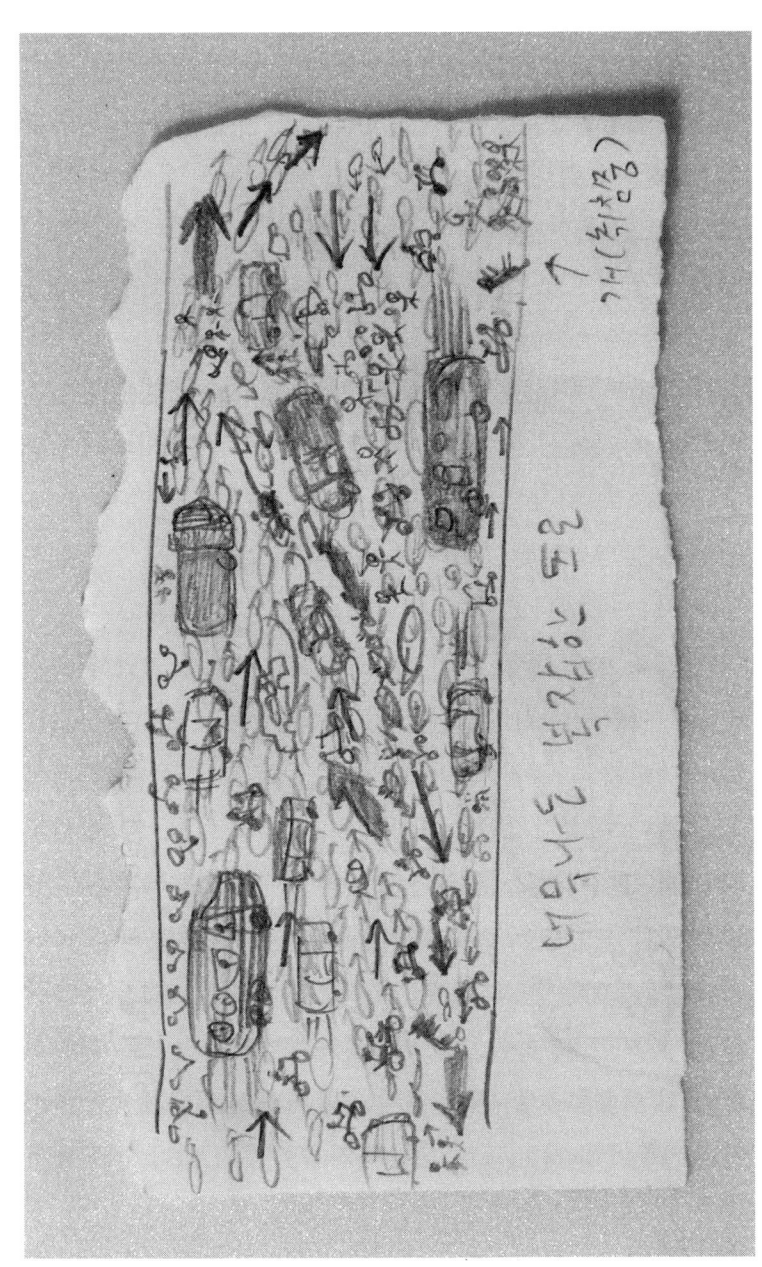

차가 오면 릭샤가 이쪽으로 핸들을 틀어야 하는데 저쪽으로
붙는다. 저쪽에서 오는 차도 이쪽으로 붙어야 하는데 저쪽으
로 피한다. 12년의 운전 경력 때문에 더욱 큰 혼란이 온다.
모든 차들이 백미러를 접었다. 이쪽저쪽 오른쪽 왼쪽 위아래
뛰뛰빵빵 정신이 하나도 없는데 아이들이 공놀이를 하고 있
다. 이를 헤치고 릭샤가 달리는데 트럭이 길을 막고 있다. 유
턴을 하는 중이다. 이 아수라장 위를 검은 나비 한 쌍이 날
아간다.

 도심을 벗어난 릭샤는 뽀얀 먼지를 가르며 달린다. 넓은 도
로에 중앙선은 커녕 아무런 선도 없다. 한 무리의 탈것들이
도로를 꽉 메운 채 달린다. 반대쪽에서 도로를 꽉 채운 무리
가 나타나면 무리는 좁고 길다란 모형으로 바뀌어 교행하고
교행이 끝나면 다시 길 전체를 메운 채 질주한다.

 정신없이 내닫던 릭샤가 커다란 문 앞에 섰다. 대나무 담
장에 검은 페인트를 칠했다. 여기가 스즈끼의 목적지인 모양
이다.

●

이렇게 해서 생각지도 않게 여기까지

흘러왔는데 … 갑자기 배가 고프다. 그리고 보니 어제 저녁 비

행기에서 제공한 식사를 먹는 둥 마는 둥 쌀알 한 톨 입으로 들어간 것이 없다. 우선 요기부터 해야겠다는 생각이 든다.

직장을 그만둔 지 일주일 … 사흘째 되던 날 아침, 흰 고무신을 깨끗이 닦아 신고 새들에게 예배드리고 집을 나선 후 … 갑작스럽게 변해버린 내 인생에 배고픔도 잊은 것이다. 스즈끼는 자신의 목적지에 도착했다는 감회 때문인지 배고프다는 나를 어느 레스토랑에 앉혀놓고는 빠이빠이하고 사라졌다. 식사 때가 아니라서 레스토랑은 썰렁하다. 회색 머리 서양 여인 혼자 음료를 마시고 있을 뿐 적막이 감돈다. 메뉴를 보니 아는 것이라고는 없는데, 무슨 '프라이드 라이스'(fried rice)라는 것이 눈에 띈다. 프라이드 라이스라면 볶음밥인데 … 주문을 하고 나니 감회가 새롭다. 앞으로 어떻게 될 것인가? 이제 어디로 간다? 봄베이 공항에서의 황당한 느낌이 다시 시작이다.

식사가 나왔다. 음식을 보니 목구멍으로 신물이 올라온다. 비행기에서 주던 냄새 이상한 그 음식이다. 배고픈 김에 몇 숟가락을 떴다. 밥을 먹으면서 앞으로 여행을 풀어나갈 생각을 하니 어이가 없다. 무한한 자유 그리고 막연함 … 새들이 처음 새장을 나왔을 때 기분이 이렇지 않았을까? 무한한 자유란 막연함의 다른 이름인가?

붉은 태양을
독수리 한 마리가 가로질러 날아간다

이 밤에 어딘지도 모르는 곳에서
어디로 갈 거냐고?

식사를 끝내고 회색 머리 서양 여인과 길을 떠난다

뜨거운 태양과 커다란 벵갈보리수가 드문드문 서 있는 예의 그 황량한 벌판을 택시가 달린다. 창문으로 들어오는 바람이 뜨겁다. 마음씨 좋게 생긴 할아버지 운전사가 창문을 닫으라고 일러준다. 창문을 닫으니 오히려 덜 뜨겁다. 창문에는 외부의 열기를 차단하기 위해 갈색 코팅이 되어있다. 언젠가 더운 지방에서는 창문을 꼭 닫는 것이 덜 덥다는 말을 들었던 기억이 난다. 엘렌이라는 이 여인은 차에 타자마자 내 무릎을 끌어당겨 베고는 잠이 들었다. 배짱이 두둑한 여인이라는 생각이 신뢰감을 주며 여행의 막연함을 덜어준다. 차창 밖은 사막처럼 건조한 황토 지형이다. 바람과 작렬하는 태양뿐-. 슬슬 눈이 감긴다.

갑작스러운 정적에 눈을 떴다. 운전사가 차의 시동을 끈 것이다. 택시가 조그만 마을 교차로에서 교통경찰의 수신호를 기다리고 있다. 시동을 끈 것이 기름을 절약하기 위한 것인지 엔진을 식히려는 것인지 알 수 없다. 30분이나 잤을까? 낯선 곳에 있다는 사실에 깊은 잠이 오지 않는다. 엘렌은 곯아떨어졌다. 차가 시동을 끄면, 리듬감의 변화로 잠이 깰 텐데 그녀는 완전히 신경을 끈 모양이다. 창밖으로 전개되는 풍경은 다시 사막과 같은 황량한 벌판이다.

백미러로 내 얼굴을 흘끔흘끔 보던 운전사가 음료수를 마시지 않겠냐고 묻는다. 우리는 황량한 벌판 허름한 가게 앞에 섰다. 엘렌도 일어났다. 차의 보닛을 열어놓고 사이다를 마셨다. 사탕수수를 가득 실은 트럭이 오더니 맨발의 조수가 뛰어내린다. 수도의 호스를 끌고 가서 엔진에다 물을 뿜는다. 치익 – 김이 솟는다. 엔진을 식히는 것이다. 10분간 휴식이 끝나고 출발 … 엘렌은 다시 내 무릎을 베고 꿈나라로 간다. 건조한 고원지대 지평선 위로 태양이 기운다. 붉은 태양을 독수리 한 마리가 가로질러 날아간다.

●

데칸고원의 소도시 아마드나가르에 도착

결혼식이 열리는 공회당으로 갔다. 엘렌의 목적지가 이 결혼식장이었다. 나는 이국땅에서 알지도 못하는 사람 결혼식의 귀빈이 되었다. 결혼식은 저녁에 진행된다. 해 질 녘이 되니 신랑이 말을 타고 힌두 사원에 참배를 가는 것으로 예식이 시작된다. 색소폰, 트럼펫, 북 등으로 구성된 밴드가 선두에 서서 요란한 댄스곡을 연주하고 그 뒤에 화려하게 장식한 말을 탄 신랑이 따른다. 친구들은 옆에서 신랑에게 쌀을 뿌리며 신이 났다. 일행 중 누군가 내게 쌀 한 줌을 준다. 나도 쌀을 뿌리며 무리에 섞여 사원으로 갔다. 도중 행인들이 합세해 한바탕 춤을 추고 다시 행렬이 이동한다. 누군가 내게 다가와 쌀이 말의 귀에 들어가지 않도록 주의하라고 일러 준다. 힌두 사원에 참배를 마치고 다시 밴드를 앞세우고 식장으로 돌아왔다.

우리네 마을회관 같은 커다란 공회당에서 승려인 듯한 노인이 힌두 경전을 읽는 것으로 예식이 시작된다. 예식을 보고 있는데 졸음이 쏟아진다. 생각해보니 나흘 동안 제대로 잠을 잔 기억이 없다. 나는 지독한 졸음에 서서히 인사불성이 되기 시작했다. 눈이 감기는 정도가 아니라 서 있을 수조차 없다. 극한에 다다른 나는 어디든 누울 곳을 찾는데 마땅한 곳이 없다. 똥 마려운 강아지처럼 왔다 갔다 하다가 식장 2층 콘크리트 복도에 누워 바로 곯아떨어졌다.

30분이나 잤을까? 음식 나르는 여인네들이 나를 밟지 않으려고 피해 다니는데 마냥 자고 있을 수는 없는 노릇이다. 벌떡 일어나 어질어질한 정신을 가다듬고 아래층으로 내려오니 아직도 예식이 진행되고 있다. 어디선가 주문을 외는 소리가 들린다. 친지들이 새로이 탄생한 부부에게 인사를 하고 선물을 하나씩 전해준다. 선물 행렬이 끝이 없다. 엘렌은 인도 전통의상인 사리를 입고 이 광경을 비디오카메라에 담고 있다. PBS(Public Broadcasting Service 미국 공공방송에서 방영할 프로그램을 공급하는 기관)의 다큐멘터리를 찍는 중이다.

한쪽에서는 피로연이 한창이다. 둥그렇게 둘러앉아 숟가락 없이 손으로 밥을 먹는다. 사흘을 굶다시피 한 나는 염치불구하고 한쪽 자리에 끼어 앉았다. 아주머니 한 분이 내 앞에 커다란 나뭇잎 한 장을 펼쳐놓고 밥을 퍼준다. 우리네 된장국 비슷한 국도 한 사발 퍼주는데 역시 이상한 냄새가 난다. 워낙 배가 고파 그들처럼 손으로 버무려 먹기 시작했다. 역겨운 느낌이 있었지만 맛있는 척 먹으니까 자꾸자꾸 퍼준다. 모두 이 이방인의 식사 모습을 지켜보고 있다. 그래서 더욱 맛있는 척 먹는데 그 냄새에 도저히 즐거운 마음으로 먹을 수가 없다. 졸리기도 하고-.

밤 열한 시가 되어 예식이 끝났다. 모두 버스에 오르기 시작한다. 엘렌이 내게 어디로 갈 거냐고 묻는다. 세상에! 이 야심한 밤에 어딘지도 모르는 곳에서 나보고 어디로 갈 거냐고? 엘렌이 자기와 함께 가잔다. 하객들이 신랑의 집까지 버스로 이동하는데 얼마 되지 않는 거리란다. 나는 얼씨구나 버스에 올라 맨 뒷좌석에서 졸도하듯 곯아떨어졌다. 조금만 가면 된다는 버스가 밤새 달려간다. 어디로 가는지도 모르겠고 또 안다고 한들 무슨 소용이 있을까. 인도 도착 스물네 시간이 되었다.

이튿날 아침 7시, 내륙 깊숙한 반다푸르라는 도시에 도착했다. 울고 나서 누구 장례식이냐고 묻는다고 나는 신랑 측

하객이었다. 사람 좋은 신랑의 아버지 다야타낙은 50대 중반 의사였다. 엘렌은 이 집과 오랜 친분이 있었다. 이런 연유로 그 집에서 사흘을 묵었다. 그 집 식구들과 힌두 사원과 재래시장에도 가보고 다야타낙의 막내아들과 자전거를 타고 교외의 초원으로 가서 양젖을 짜오기도 했다. 밤이면 단층집 슬라브 옥상에서 매트리스를 깔고 하늘의 별을 보며 잠을 잤다. 나흘째 되는 날 새벽, 다야타낙의 가족들과 인사를 하고 길을 떠나는데 다야타낙의 노모께서 차이를 한잔 건네준다.

차이란 홍차에 생강과 여러 가지 향료를 넣고 끓인 후 우유와 설탕을 넣고 한소끔 더 끓인 차를 말한다. 인도 사람들은 항상 차이를 마시는데 나는 비위가 맞지 않아 사양하고는 했다. 이날 새벽, 할머니께서 끓여주신 차이가 너무너무 달콤하고 맛있는 것이 아닌가. 음식이 당기지 않아 굶어 죽지 않을 정도로만 먹은 지 일주일, 빈속에 따듯한 차이가 들어가니 속이 든든하고 편안하다. 생명수란 이것을 두고 한 말인가. 한 잔을 더 청했다. 차이를 마시고 그들과 진한 인사를 나누고 새벽 공기를 맞으며 길을 떠난다. 이슬이 반짝이는 지평선에 태양이 떠오른다. 붉은 태양을 독수리 한 마리가 가로질러 날아간다.

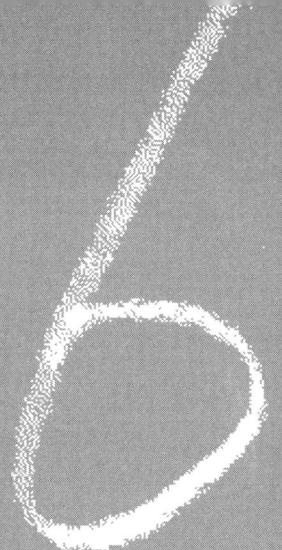

해골을 던져 버렸다

새들이 두려움에 나무 밑으로 숨는다
몇 마리는 큰 기쁨으로 유희를 하고 있다

눈을 떴다. 여기가 어디냐

그래 지금 나는 인도에 있지 … 정원 가운데 외따로 돌로 지은 호텔 방안에 평온이 흐른다. 침대에 누운 채 눈동자를 굴려 방안을 둘러본다. 방안에 햇살이 가득하다. 새소리 … 끊임없이 들리는 다양한 새소리 … 간간이 들려오는 공명이 큰 새소리 … 눈을 가느스름하게 뜨고 햇살을 바라본다. 빛이 날카로운 입자가 되어 퍼진다. 다시 새소리가 들린다.

꽃이 만발한 정원을 향해 열려있는 문턱에 우리네 종달새 비슷한 새 한 마리가 날아왔다. 머리엔 검은 관을 썼고, 날개엔 붉은 깃이 있다. 방안을 기웃거리더니 날아간다.

붉은 파라솔 아래 테이블에서 홍차를 마신다. 파라솔 기둥에 누가 메모지를 붙여 놨다. '조심! 새 둥지↑' 화살표를 따라 고개를 드니 파라솔 살 위에 작은 둥지가 있다. 보드라운 풀잎으로 만든 둥지 속에서 갈색의 작은 새가 불안한 듯 내려다본다. 둥지를 떠나지 않는 것으로 보아 알을 품는 모양이다. 나중에 이 녀석은 내가 식사를 할 때마다 식탁에 내려와 나와 함께 식사를 했다. 며칠 후, 이 녀석은 어머니가 되었다. 식탁에 내려와 먹을 것을 물고 둥지로 오른다.

어린 소년이 호텔 방으로 구걸을 왔다. 때 묻은 작은 쪽지를 내민다. 벙어리니까 도와 달라는 내용이다. 소년이 입을 벌리고 오른손으로 자기 입안을 가리킨다. 혀가 없다. 인도에서는 부모가 자식을 일부러 병신으로 만들기도 한단다. 빌어먹기라도 하라고 … 이 땅이 이토록 척박한가?

이 척박한 땅에 누군가 작은 못을 만들고 나무를 심었다. 라일락 닮은 나무 … 그 나무에 하늘색 날개를 가진 앵무새 비슷한 파랑새가 날아들었다. 부리가 길고 날갯짓이 서툰 파랑새는 매일 그 라일락 닮은 나무에 와서 앉는다. 여전히 날갯짓이 서툴다. 그 나무 밑의 벤치에서 차이를 마시며 편지를 쓴다.

'인생은 강물과 같이 흘러 이 몸은 인도에 있다. 이곳에는 새가 있고 바람이 있고 태양이 있다. 이제 또 어디론가 흘러가겠지….'

침 발라 호텔 우체통에 밀어 넣었다. 오늘은 파랑새가 보이지 않는다.

숲 속에 초막으로 지은 싸구려 로지(lodge 오두막). 밤이 되면 기온이 내려간다. 새벽이면 춥다. 시트를 머리끝까지 뒤집어쓰고 콧김으로 시트 안의 공기를 덥힌다. 한국의 겨울도 춥지 않게 지냈는데 이 열대에서 춥다는 게 웬 말이냐.

숄을 어깨에 두르고 책상에 앉았다. 촛불을 켜고 타오르는 불꽃을 응시한다. 허름한 초막집이라 외부 침입자들이 많다. 도마뱀 한 마리가 벽에 붙어있다. 청포도 같이 투명한 모습에 청초함을 담고 있다. 노트를 드니 볼펜 끼워 놓은 틈에서 커다란 딱정벌레 한 마리가 떨어진다. 녀석이 급히 침대 밑으로 숨는다. 찌직… 찌지지직-, 초막집 위로 밤새가 날아간다. 쥐를 한 마리 잡은 모양이다. 초막집이라 불이 나면 끝이다. 보상하려면 골치 아프다. 불조심하자.

앞 초막집에는 헤밍웨이처럼 턱수염을 기른 서양 남자가 살고 있다. 그는 매일 아침 자신의 초막집 앞 작은 그릇에 우유를 채워 놓는다. 개 두 마리와 고양이 한 마리가 나타나 번갈아 가며 느릿느릿 우유를 마신다. 우리 개들은 먹을 때 건드리면 주인도 무는데-.

바닷가 언덕 위, 각국에서 온 히피들이 모여 사는 목조 2층 발코니-. 맑은 햇살이 쏟아진다. 두둥둥둥! 노랑머리 젊은이가 무릎에 북을 끼고 두드린다. 북소리에 이끌린 몇몇 사람들이 모인다. 한낮의 더위에 지쳤는지 입을 여는 이들이 없다. 검은 머리 검은 타이츠 여인이 춤을 춘다. 어슬렁 시커먼 개가 나타나 문턱에 앉은 내 발등을 베고 누워 인간들의 놀이를 구경한다. 한낮의 무료한 파티 … 둥둥 두둥둥 노랑머리의 북소리가 고조된다. 흐느적거리는 검은 여인의 율동도 고조된다 … 아카시아 비슷한 인도의 나무, 그 위에 열대의 태양빛이 떨어지고 있다.

　달빛이 내리는 노천카페에서 늦은 저녁을 먹는다. 잔디밭에서 머리 긴 남자가 요가를 한다. 어슬렁 커다란 개가 나타나 구경을 한다. 물구나무를 선다. 머리카락이 잔디밭에 닿는다. 공중제비를 돈다. 움직임이 가볍다. 남자가 가부좌하고 앉는다. 개도 앉는다. 남자가 두 손 엄지로 땅을 짚고 그네를 탄다. 고요한 동작 … 이어 조심스레 몸을 띄우더니 옆으로 발을 뻗는다. 두 손가락만을 의지한 채 옆으로 누웠다. 그러니까 허공에 누운 건데 … 이건 논리에 맞지 않는다. 물체는 중력을 받기 때문에 … 눈앞에서 물리(物理)를 역행하는 현상이 일어나고 있다. 예수께서 물 위를 걸으신 것과 같은 맥락인가? 무당이 작두를 타는 것과 같은 현상인가?
　챙! 챙! 챙! 챙! 챙! … 이게 리듬인가? 리듬이란 강약과 장단으로 구성된 짧은 패턴이 반복되는 것이다. 무당춤의 리듬은 강한 쇳소리만 반복된다. 나는 무당이 작두를 타는 비밀이 강력한 쇳소리 파장에 있을 것으로 판단한다. 집요하게 강박만 반복되는 것은 소리 에너지를 활용하는 방식이리라. 물리학에는 '기이하고 터무니없는 사건이라 해도, 발생 확률이 0이 아닌 이상 반드시 일어난다'는 말이 있다. 세상에는 설명 가능한 것이 얼마 되지 않는다. 어쩌면 무당춤은 양자역학(量子力學)처럼 논리와 철학을 대입할 수 없는 다른 개념의 이야기일 수도 있다. 이 개념을 파악하면 인류음악을 새롭게 변형시킬 수 있다. 소리 입자의 움직임이 지니는 파동을 인류, 아니 생명에게 적용하여 어쩌구 저쩌구 … .

잠시 후, 남자가 잔디밭에 앉아 왼발을 양손으로 당겨 목에 건다. 깊은 숨 … 들숨에서 멈추고 조심스럽게 한 발로 선다. 두 손 모음 … 기념품 가게의 조각품에서 본 자세다. 난이도 높은 자세의 요기(Yogi 요가 수행자)와 인도에서 가장 편한 자세의 개 … 두 개의 달그림자가 잔디밭에 드리운다.

허름한 호텔 복도. 계단 앞에 개 한 마리가 누워 사람들이 지나는 것을 보고 있다. 계란색의 큰 개 … 나는 매일 그의 코 앞을 지나지만 그가 짖거나 무얼 먹는 것을 본 적이 없다. 과묵한 그는 인도에서 가장 편한 자세로 계단을 오르내리는 사람들을 바라본다. 더위를 피해 누워있는 모습이 느긋하고 편안해 보인다. 이 녀석이 세상에 나온 지 얼마나 되었는지는 알 수 없지만 그동안 나보다는 편안한 삶을 누렸겠구나 하는 생각이 든다.

주택가 공터에 털이 거칠어 보이는 회색의 돼지들이 몰려 있다. 돼지 등 위에 까치들이 앉아 있다. 길에는 개들이 누워 있고 사람들이 무심하게 지난다. 하늘에는 독수리들이 원을 그리고 있다.

온몸에 크고 작은 북을 주렁주렁 걸고 다니는 북 장사가 내 눈길이 북에 잠시 머문 것을 보고 따라붙는다.
'200루피만 내라'
나는 걸음을 재촉한다. 그가 북을 두드리며 따라온다. 북을 다루는 솜씨가 대단하다. 내가 묵묵히 걸어가니 그가 불안한 모양이다.
'150루피만 내라'
나는 걷는 속도를 올린다. 그가 잰걸음으로 따라온다.
'100루피'
나는 못들은 척 더욱 걸음을 재촉한다. 그의 걸음도 빨라진다. 북소리도 빨라진다.
'80루피'
나는 더 빨리 걷는다. 급해진 그가 외친다.
'70루피'
온몸에 주렁주렁 북을 걸었기에 따라오기가 쉽지 않다.
'60루피'

다급해진 목소리로 외친다. 내 보폭은 더욱 커지고 속도도 더욱 빨라졌다. 그가 절규한다.

'50루피!'

스톱! 나는 발걸음을 멈추고 주머니에서 50루피 한 장을 꺼내주고 그가 두드리던 북을 건네받았다. 지름 20센티 길이 40센티 정도 동그란 나무통에 양가죽을 씌웠다. 이를 목에 걸고 두드리며 호텔로 돌아왔다. 호텔 주인이 얼마 주었냐고 묻는다. 나는 자랑스럽게 50루피라고 대답했다. 그가 느리게 고개를 젓는다. 자기라면 20루피면 살 수 있단다. 20루피면 우리 돈으로 600원인데….

●

한반도 남쪽 작은 섬에서 왔다는
젊은이의 숙소에서 신세를 진다. 남쪽 어딘데요? 일기예보에서 남해 서부 먼 바다라고 나오는 곳이에요. 아주 작은 섬이죠. 지금은 큰집, 우리 집 두 가구만 살아요. 무인도도 있나요? 바로 옆이 무인도에요. 물이 있나요? 그럼요. 가서 살아도 되나요? 마음대로 하세요.

나는 어려서부터 무인도에서 혼자 살아보고 싶다는 생각을 했다. 남태평양 어디의 무인도를 생각했다. 우리나라 섬도 괜찮을 것이라는 생각도 했다.

섬에서 왔다는 그를 따라 아시람에 갔다. 인도 첫날 스즈키가 릭샤를 내린 푸나의 검은색 대나무 담장이 둘러진 곳이다. '20세기의 성자' 혹은 '섹스구루'(sex guru)라 불리는 오쇼 라즈니쉬 아시람이다. 구루는 스승이라는 뜻, 아시람은 수도원을 말한다. 오쇼 라즈니쉬의 책을 몇 권 본 기억이 있다. 부처의 고요와 히피의 자유 그리고 신비를 과학적으로 해석한 그의 통찰에 고개를 끄덕이고는 했다. 아시람에는 서양인들이 많고 인도 사람, 일본 사람들이 많다.

울창한 인공 숲으로 둘러싸인 아시람에는 이들만의 화폐와 이들만의 법과 이들만의 도덕과 이들만의 즐거움이 있다. 세계 각지의 많은 예술가들이 모이는데 특히 음악인들이 많다. 이곳의 음악은 록 뮤직과 인도음악을 바탕으로 각자의 음악적 컬러가 모여 독특한 미학을 보여준다.

열 명 정도의 한국인이 모여 있다. 그 가운데 한 여인이 나를 소개한다.

'어제 시장통을 지나는데 길 건너에서 큰소리로 한국말이 들리는 거야. 얼마나 반가운지 … 근데 다 욕인 거 있지. 가보니까 이 양반이 인도 사람들하고 싸우고 있더라구. 그래서 인사도 못하고 그냥 왔지. 어쩌면 그렇게 욕을 잘하세요?'

'… 저 … 왜냐면요 … 그게 그러니까 … 상대는 여러 명인데 영어로 싸우려니 답답하더라구요. 빠큐 밖에 모르니 … 그래서 익숙한 모국어로 했지요. 그러니 그놈들이 답답한지 영어로 하라고 하더군요. 그래도 못 들은척 막 해댔지요.'

한국 아주머니 한 분을 만났다. 인자한 미소가 곱다. 수녀님이었는데 파계하고 인도에 왔단다. 아주머니를 따라 유도장(柔道場)으로 갔다. 아무도 없는 한낮의 유도장 … 크지 않은 정원에 높은 대나무들이 하늘을 찌르고 있다. 바람의 충격을 흡수하기 위해 대나무는 항상 흔들린다. 삐비비빅 삐비비빅 소리가 난다.

'누우세요. 긴장을 푸세요.'

나는 숨을 깊이 들이쉬었다가 뱉으며 온몸을 매트리스에 맡겼다.

'긴장을 풀고 편안한 자세를 취하세요.'

'풀었는데요.'

'릴랙스도 해본 사람이나 해요. 보통 사람들은 편안함을 경험해 보지 못했기 때문에 편한 자세를 취하는 것이 쉽지 않아요. 이거 봐요. 지금 긴장하고 있잖아요.'

섬세한 손끝으로 여기저기 콕콕 누르는데, 닿는 손길마다 정신이 아득해지며 온몸이 전율한다. 머리부터 발끝까지 손이 가지 않는 곳이 없다. 프랑스 사람에게 싸이킹 마사지를 배웠다고 했다. 노골노골 살살 … 나는 흰 구름을 타고 날아가기 시작했다. 나는 인간 삶에 이렇게 기분 좋고 편안한 경지가 있다는 사실에 놀랐다. 회사에서 짬을 내어 마사지를 받던 것과는 다른 것이다. 살다 보니 별일도 다 있구나 … 스르르 … 잠에 빠져들었다. 깊은 잠 … 죽음 같은 잠 … 난생 처음 휴식을 맛본 것이다.

휘몰아치는 비바람에 깨어났다. 유리창이 덜컹거리고 흙먼지와 함께 흙내음이 피어오른다. 이 건조하고 뜨거운 땅에 비가 내리고 있다. 주위를 둘러본다. 아무도 없다. 한낮의 고요를 빗줄기가 깨우고 있다. 오랜 건기가 끝나고 우기가 시작한 것이다. 번쩍! 우르릉 … 새들이 두려움에 황급히 나무 밑으로 숨는다. 몇 마리는 큰 기쁨으로 비를 맞으며 유희를 하고 있다. 이제 이 황량한 대지는 푸른 초장이 될 것이다. 장미 넝쿨에 윤기가 돈다.

어! 내 몸이 이상하다. 날아갈 것 같다. 움직일 때마다 기분이 좋다. 괜스레 히죽히죽 웃음이 나온다. 어! 허리가 쫙 펴졌다. 쭈그리고 앉는 것보다. 부처님처럼 허리를 곧추세우고 앉는 것이 편하다. 안정감도 있고, 호흡도 편하고 … 내 몸이 아니다! 아니 이런 게 원래 내 몸일진대 … 그렇다면 내가 지금까지 잘못 살았나? 이 세 시간의 죽음과 같은 잠은 터널을 지나는 시간이었다.

●

떠돌이 사두바바(힌두교 승려) 하쉬 바르티는
하누만을 모시는 성직자다. 하누만은 원숭이 신으로 서유기(西遊記)의 모델, 그러니까 손오공이다. 단숨에 히말라야까지 날기도 하는 강력한 힘을 지닌 하누만이지만 힌두교 신의 서열에서는 하급이다. 창조신(생명), 파괴신(죽음), 재물신, 행운신이야 섬길만하지만 원숭이신을 떠받들 사람은 많지 않다. 그래서 먹고 살기 힘들단다.

'잠나가르(북서쪽 해안도시) 변두리에 내 사원이 있는데 한 달에 한두 번 밥 한 그릇, 바나나 약간 공양받는 게 전부야. 배고파 죽겠어. 남쪽에서는 좀 낫다고 하던데 … 신도 때와 장소를 잘 만나야-.'

나는 그에게 하칠복(河七福)이라는 이름을 주었다. 그가 묻는다. 무슨 뜻이냐? 하쉬 바르티의 하, 하누만의 하 그리고 일곱 가지 행운(lucky seven 혹은 seven pieces of happiness)이라고 하니 좋다고 한다. 나는 그의 귀에 대고 노래를 불러 주었다. '건넛마을에 최진사 댁에 딸이 셋 있는데 아랫마을 사는 칠복이 놈이라고 말씀드리고 나서♪' … 나는 그와 함께 여행한 덕에 쉽게 인도에 동화될 수 있었다. 힌두교 사원이나 중산층 가정에서 밥도 먹고 자기도 했다.

종합병원 로비. 왼쪽에 조그만 기도실이 있다. 두 평 남짓한 기도실에는 양쪽에 네 개씩 여덟 개의 사진이 걸려있고 사진 밑에 경전이 놓여있다. 힌두교 신도 있고, 알라도 있고, 예수님도 있고, 부처님도 있다. 내가 모르는 사진도 있다. 사진 앞에 꽃들이 놓여있다.

'어떻게 이런 게 가능하지? 내 앞에 다른 신을 두지 말라고 했잖아?'

'성숙한 종교인들은 남의 종교 비하하지 않아. 가끔 싸우기도 하는데 그러다가 죽으면 순교했다고 성인 반열에 올려놓지. 성직자들은 순교 안 해. 아래 것들만 순교하지. 그건 성직자와 정치가들이 인지력이 부족한 신도들을 조정하는 거야. 언론에서도 이 부분을 지적하는데 이권 앞에서는 쉽지 않은 모양이야.'

주택가 길거리 공터에서 굴러다니는 해골을 만났다. 손에 들고 보니 죽은 지 얼마 안 되는 해골인 모양이다. 귓가에 머리카락이 남아있다. 해골의 주인공이 남자인지 여자인지, 나이가 어느 정도인지 알 수 없다. 머리카락이 검은 것으로 봐서 노인은 아닌 모양이다.

'여기 사람들은 죽으면 화장을 하는데, 어째서 머리카락이 남은 해골이 굴러다니냐?'

'화장도 여유 있는 사람들이나 … 만약에 나 같은 떠돌이가 죽어봐라, 해골이 되어 뒹굴 수밖에-.'

나는 이 해골을 기념품으로 가져가기로 했다. 깨끗하게 세척해서 구두약으로 반짝반짝 광을 내어 책상머리 장식품으로 쓰기로 했다. 누가 셰익스피어를 연기한다면 빌려도 줄 생각이다.

'유해(遺骸)는 국외반출이 되지 않는다. 그걸 소지하고 비행기에 오를 수 없을 거다.'

하칠복, 아니 하쉬 바르티의 말이 맞을 것이다. 아쉽지만 어쩔 수 없다. 들고 있던 해골을 멀리 던져 버렸다.

공동묘지 옆을 지난다. 이곳의 묘지도 우리네 묘지처럼 약간의 슬픔과 안락함을 준다. 구덩이가 파인 곳은 이제 사람을 묻을 곳이고 … 회칠을 곱게 한 평평한 무덤 위에 꽃잎이 가지런히 장식된 무덤은 만든 지 얼마 되지 않은 무덤이다. 인도인들은 대개 화장을 하는데 기독교인들은 매장을 한단다. 힌두교도들도 아이는 묻기도 한단다. 조금 전에 본 구덩이가 작은 이유를 알겠다.

●

태양이 내려쪼이는 강가에서 여인들이

소똥을 손으로 피자파이처럼 빚어 바위 위에 펼쳐놓는다. 석양이 되면 잘 마른 소똥을 차곡차곡 머리에 이고 집으로 돌아간다. 그들의 전통 가옥은 소똥으로 만들었다. 우리가 진흙을 이겨 벽을 바르듯 그들은 소똥을 사용한다. 소똥으로 바른 벽은 썩지 않을 뿐더러 벌레도 없고, 단열도 잘된단다.

여인은 소똥으로 만든 집에서 소똥으로 불을 지펴, 소젖으로 사랑하는 남편과 자식들이 먹을 음식을 만든다. 잘 마른 똥 한 장이면 밥도 하고 커리(카레)도 만들고 차이도 끓인다. 유독 가스도 없고 돈도 안 들고-. 소가 그들의 생명을 지탱해주는 것이다.

소의 배설행위는 하나님의 사랑이다. 소는 태양이 햇살을 내려주듯 생명의 똥을 아낌없이 준다. 철럭 철럭! 소의 똥구멍에서 하나님의 사랑이 쏟아지고 있다. 계시나 약속이 아닌 현물이다. 소가 가까이 있을수록 그들의 삶은 풍요롭고 노동은 절감된다. 아이들이 소에게 돌을 던지거나 쫓거나 하면 어른들이 말렸겠지. 이렇게 인도의 소는 신성해졌다.

●

시바를 모시는 힌두교 사원

코브라로 상징되는 파괴의 신 … 파괴가 있어야 창조도 있고 죽음이 있어야 탄생도 있다. 시바는 탄생의 신이며 죽음의 신이다. 어두운 제단 앞에 불꽃이 타오른다. 오랜 세월 꺼지지 않은 불이다. 아름드리나무에서 뻘건 불씨가 실 같은 연기를 토하고 있다.

인도는 사람이 죽으면 바로 화장(火葬)한다. 더운 지방이기에 시신이 바로 썩기 때문이리라. 시바 사원 옆 화장장에서 어느 남자를 화장했다. 방금까지 따듯한 체온으로 사랑을 속삭이던 이가 불꽃 속에서 사라졌다. 불이 꺼지고 난 자리에 삶의 여운이 남아있다. 밤이 되니 흔적 없는 죽음이 웅크리고 있다. 그 자리에는 두려움보다 허무보다 더 준엄한 정적이 입을 벌리고 있다. 어둠 속에서 소 한 마리가 되새김하고 있다. 푸루우- 쉬 … 깊은 호흡으로 정적을 메꾸고 있기에 죽음의 자리는 빈자리가 아니다. 이별이나 상실보다 더 견디기 어려운 허무, 그 아픔을 소가 달래주고 있다.

흰 대리석으로 된 시바 사원 특유의 칙칙한 분위기 … 앞

다리가 하나뿐인 개가 더위를 피해 낮잠을 자고 있다. 해가 기울었다. 보조 승려인듯한 젊은이가 통나무 불씨를 살려 버터를 녹여 램프에 붓는다. 놋쇠로 된 램프는 일곱 개 잔이 손잡이에 연결되어 있다. 화장지를 꼬아 만든 심지에 불을 붙인다. 일곱 개의 불꽃 … 우두머리 승려가 대들보에 매달린 어린아이 머리통만한 종의 줄을 당긴다. 땡땡! 다른 젊은이가 쿵콰 쿵콰 북을 두드린다. 북소리 쿵콰 쿵콰 종소리 땡땡 쿵콰 쿵콰 땡땡 쿵콰 쿵콰 땡땡 … 일곱 개의 불꽃이 사원의 구석구석을 돌며 춤을 춘다. 쿵콰 쿵콰 땡땡 쿵콰 쿵콰 땡땡 … 이들의 의식에 세 다리 개가 일어나 기지개를 펴더니 노래를 부른다. 우우우웅 쿵콰쿵콰 우우우웅 땡땡 우웅 컹컹 우웅 컹컹 쿵콰멍멍 멍멍땡땡 … 10분이 지났을까? 의식을 끝낸 이들이 땀을 훔치며 사원의 문을 닫는다. 낮 동안 늘어져 있던 개가 생기를 띤다. 승려들이 퇴근한다. 눈동자가 맑아진 개가 어둠 속에서 사원을 지킨다.

●

밤
내가 지낸 무수한 밤
앞으로 맞이할 밤

어두운 밤

홀로 깨어 있는 시간

나는 왜 서슬 퍼렇게 잠 못 이루는가?

이젠 순례자가 된 기분이다.

돌연, 깊은 어둠 속에서 여인의 비명 같은 새소리가 들린다. 인도에서만 듣는 그 특유의 새소리 … 어떻게 생긴 새인지는 모르지만 소리로 미루어 봐서 까치나 까마귀보다는 큰 새일 것이다. 이어지는 다른 새소리들 … 이렇게 깊은 정적에 균열이 오면 어둠이 물러갈 준비를 한다. 땔랑땔랑, 돌연 종소리가 들린다. 시바신을 모신 사원의 종소리다. 어둠 속에서 새들의 소리가 부산해지기 시작한다. 부르릉! 빈 버스가 라이트를 켜고 매연을 뿜으며 다리 위를 지난다. 홀연, 어둠 속에서 들리는 사나이의 노랫소리 … 굵은 남자의 목청 … 사두바바의 아침 찬가인가? 뜻 모를 종교적 설레임이 새벽공기를 타고 날아온다. 동쪽에서 붉은 기운이 느껴진다. 자동차의 소음이 커진다. 붉은 기운이 다가선다. 새소리가 증폭된다. 열대의 태양이 떠오른다. 오늘은 떠나는 날이다.

봄베이 탈출

러닝머신 위에서 뛰고 있는 것이 아닐까?

거지들과 야바위꾼들이 몰려든다

웨어르 아르 유 고잉? 짐을 들어주겠다, 도와줄 일 없느냐 … 이들을 물리치고 봄베이 공항에 들어섰는데 … 이런! 오후 3시에 출발한다는 비행기가 8시에 뜬단다. 직원에게 이유를 물어도 어깨를 으쓱하고는 그만이다. 여기저기 바닥에 헝겊을 깔고 기도하는 사람들이 보인다. 무슬림들이다.

탑승 수속을 하는데 문제가 생겼다. 비행기 표는 일본 나리타행인데, 일본 입국 비자가 없는 외국인은 탑승시키지 않는단다. 일본을 거쳐 인도엘 왔는데 보름짜리 일본 비자는 이미 만료된 상태. 해외여행 경험이 많지 않은 나는 이 부분에 대해서는 생각지도 않은 것이다.

'나리타 공항에서 일본에 입국하지 않고 한국행 비행기 타면 안 되냐?'

'절대 안되지. 넌 비행기 태워주지도 않는다니까.'

일본 항공사의 인도 여직원이 짜증을 낸다. 일본 항공사에 전화하니 비행기 표만으로는 탑승이 불가능임을 확인해준다. 여행 중 어떤 형태로든 태클에 걸리는 상황이 벌어질 것이라는 확신 비슷한 예감이 현실로 나타났다. 우려했던 그러나 예기치 못했던 사고가 터졌다.

어쩌지? 비행기가 8시에 출발한다는 것이 다행이라는 생각이 든다. 지금 시각 오후 1시, 신속하게 봄베이에 있는 일본영사관에서 비자를 받는 수밖에 … 택시 정류장으로 달려갔다. 택시기사들이 차를 세워 놓고 한담을 나누고 있다. 일본영사관에 가자고 하니 주소가 어디냐고 묻는다. 무슨 놈의 택시가 주소로 목적지를 찾는단 말인가? 그때 키가 190cm는 될 것 같은 키 큰 운전사가 자기 차에 타란다. 차에 타자마자 타이어 파열음과 함께 출발하는데 몸체가 뒤로 밀린다. 봄베이 시내까지 한 시간 이상 걸리는데 40분에 끊어주겠단다. 그리고는 급커브에서도 엑셀을 밟는다. 커브마다 내 몸은 왼쪽 오른쪽으로 쏠리는데 운전사는 콧노래를 부른다. 핸들을 두드리며 박자를 맞춘다. 어느 영화에선가 본 침팬지가 운전하는 모습이 떠오른다. 3차선, 1차선, 1차선에서 다시 3차선으로, 조금만 틈이 있으면 파고든다.

여행 중 심심치 않게 목격한 교통사고 … 바퀴를 하늘로 향하고 길가에 누워있는 버스, 트럭, 택시 등을 수없이 보지 않았던가. 전방 30미터 지점에서 일단의 무리가 길을 건넌다. 차는 경적을 울리며 돌진한다. 행인들이 놀라서 비킨다. 지팡이를 짚고 가던 꼬부랑 할머니도 잽싸게 피한다.

한 이십여 분 달렸을까? 어느 길가에 차를 세우고 백미러로 나를 쳐다보더니 시동을 끈다. 휘발유가 없단다. 작은 깡통을 보이며 휘발유 사오게 40루피만 달랜다. 차 옆은 부잣집 담벼락에 막대를 두 개 세우고 남루한 천으로 하늘을 가리고 사는 난민부락이다. 발가벗은 꼬마들이 무료한 듯 자기들끼리 놀고 있다. 침팬지 아니 운전사를 기다리며 차 속에 덩그마니 있으니 졸음이 온다. 졸다 깨다 바깥세상을 보다 한 30분쯤 지나니 운전사가 나타났다. 다시 공포의 질주-.

봄베이 시내로 들어오니 빌딩 숲이다. 돌연 우측에 바다가 나타난다. 인도양이다. 물이 탁하다. 수평선 너머에는 아라비아 혹은 아프리카가 있겠구나 하는 생각이 든다. 일본을 포기하고 아라비아나 아프리카를 가볼까? 아서라! 지나친 것은 부족한 것만 못하다.

한참을 달리다가 신호 대기 중인 택시 기사에게 무어라고 묻는다. 일본영사관을 묻는 모양이다. 다시 난폭운전 … 콘슐레센터(영사관 센터)라는 곳에 차를 대더니 현관에 모여 있는 사람들에게 뛰어가서 묻는다. 모두 고개를 젓는 모습이 보인다. 한 남자와 이야기를 하더니 달려와서 지금까지 오던 길을 거꾸로 달린다. 이 골목 저 골목, 행인들과 택시기사들에게 방향을 묻더니 고급 주택가 어느 집 앞에 차를 세운다. '일본영사관'(日本領事館)이라고 쓴 글이 보인다. 인도에서 보는 한문이 그렇게 반가울 수 없다. 오후 5시인데 철문이 닫혀있다. 철창 사이로 카키색 제복을 입은 인도 경비원이 퇴근하고 아무도 없다고 한다. 앞이 캄캄하다. 빨리 비자를 받아서 비행기를 타야되는데 경비원이 비자를 내줄 리 없고—.

●

어차피 8시 비행기는 못 탄다는 것이
확인되고 나니 오히려 마음이 편하다. 다음 비행기는 사흘 후에 있다. 그 사흘을 봄베이에서 보내면 된다. 배도 고프고 갈증도 난다. 운전사에게 가까운 호텔로 데려다 달라고 했다. 다시 공포의 질주를 하던 그가 어느 골목으로 들어가더니 잠깐만 기다리란다. 기도할 시간이란다. 그리고는 어느 모스크(회교사원)로 들어간다. 이곳도 난민들이 사는 곳이다. 사원만 번드르하고 옆의 집들은 가관이다. 판자, 함석 쪼가리, 종이박스 등으로 덕지덕지 벽과 지붕을 엮었다. 공동우물이 보인다. 여인네들이 맨발로 물을 긷는다. 다 떨어진 러닝셔츠만 입은 꼬마 녀석이 고추를 내놓은 채 차 안에 있는 나를 쳐다본다. 이방인이 나타난 것이 신기한 듯 큰 눈을 두리번거린다.

길거리에는 똥이 즐비하다. 변소가 없는 모양이다. 똘똘 말려서 햇빛에 말라가고 있는 똥들의 규격이 거의 비슷하다. 배설된 지 오래된 것은 꺼멓고, 세상에 나온 지 얼마 되지 않은 똥들은 아직 노란 기운이 있다. 똥 사이의 거리와 줄이 맞는 것은 이해가 되는데 규격이 일정한 것은 납득이 되지 않는다. 식성이나 식단에 따라 농도도 다르고 모양도 달라야 하는 것이 아닌가? 변소가 없는 가운데 이 똥의 주인들에게 질과 양을 조절하는 능력이 생긴 것인가? 20분도 훨씬 지나서 운전수가 나타났다. 기다려줘서 고맙단다. 무슨 놈의 택시가 휘발유 구하러 30분, 기도한다고 30분 … 참 편한 세상이다.

한 10여 분 달려 어느 호텔 앞에 정차, 내 짐을 들고 앞서간 운전수가 고개를 저으며 다시 나온다. 방이 없단다. 무슬림들의 종교적인 날이라서 이들이 대거 봄베이로 몰렸기 때문이란다. 다시 차를 몰아 다른 호텔로 갔다. 그곳도 방이 없다. 몇 군데 호텔을 돌아다녔으나 방이 없다. 어둠이 내리기 시작한다. 밤 9시가 넘어서 겨우 방을 얻었다. 돈이라고는 딱 500루피 남았다. 공항세 300루피 내고 나면 200루피 남는데 … 이 돈으로 택시비도 줘야 하고, 방세도 내고, 내일 비자도 받아야 하고, 밥도 먹어야 하는데-. 방값이 200루피, 큰일 났다.

이제 나도 '웨어르 아르 유 고잉?'하며 구걸을 해야 될 판이다. 이제부터 진짜 여행의 시작이라는 생각이 든다. 지금까지 살아온 경험, 순발력, 배짱 … 이런 것에 의존해 한국으로 돌아가야 한다. 자 이젠 어떡한다? 택시 값으로 200루피를 주었다. 하루 종일 택시를 대절한 셈인데 우리 돈으로 육천 원이 조금 넘는 돈이니 참 좋은 세상이다. 운전사가 내가 돈 없는 것을 알고 걱정을 해준다.

'너만 괜찮다면 우리 집에서 하룻밤 재워줄 수 있다.'

'어디냐?'

'봄베이 외곽인데, 두 시간 정도 걸린다.'

먹지도 못하고 지쳤는데, 공포의 질주를 두 시간 더 참을 생각을 하니 마음이 내키지 않는다.

'우리 집에는 전기가 없어서 불편하겠지만 돈은 안 받을 테니 너만 괜찮다면-.'

전기가 없다는 것이 똥 덩어리 가운데 집이 있다는 소리로 들린다. 호의가 고맙지만 거절하고 호텔에서 묵기로 했다. 내 셔츠 주머니에 꽂힌 볼펜을 기념으로 달래서 소중하게 담고 사라지는 그의 뒷모습을 보고 2층 방으로 올라갔다.

샤워를 하고 침대에 누우니 걱정이 밀려온다. 어떻게 비행기를 탄다? 지금까지 내 삶은 대부분 겪어본 일의 반복이었거늘 이번 여행은 모두 처음 대하는 것뿐이다. 지금 상황도 낯선 감정이다. 그런데도 재미가 있음은 낙천적인 성격 때문인가? 죽지 않고 한국으로 돌아갈 수 있다는 확신 때문인가?

이번 여행의 하이라이트는 이제부터라는 생각이 든다. 앞으로 어떤 일이 생길까? 어느 미국인 교수가 사흘 체류 예정으로 인도에 왔다가 평생을 살았다는데 … 나도 이 땅에다 뼈를 묻게 될까?

창문을 열고 거리를 내다본다. 수많은 인파 … 정말 사람이 많다. 인도 인구가 10억이 넘는다는데 … 빗방울이 떨어진다. 인도의 비, 봄베이의 비-. 거지 한 사람이 비닐로 자기의 짐을 덮는다. 이를 옆에서 피부병이 있는 개가 지켜본다. 거지가 옆의 큰 천을 들춘다. 몇 가지 물건 사이에 작은 공간이 있다. 개가 그 공간으로 들어간다. 천을 덮는다. 누군가의 농장에라도 떨어진다면 과일과 채소를 살찌울 비가 지금 내게는 너무 을씨년스럽다. 심리상태 때문이겠지-.

이튿날, 느즈막히 일어나 오후 1시 30분경 택시를 타고 일본영사관으로 갔다. 무슨 일인지 문이 닫혀있다. 철문 안 초소의 경비인이 문도 안 열어주며 수요일은 오전 근무란다. 그러고는 다시 초소로 들어간다. 일본영사관 철문을 잡고 '왜 수요일은 오전 근무냐'고 물었다. 철문은 대답이 없다.

철문만 붙잡고 있을 수는 없는 일, 슬슬 걸어서 큰길 쪽으로 내려왔다. 이 동네는 영사관과 대사관이 밀집해 있는 조용한 동네다. 어느 집 담에 무성한 빨간 장미가 웃고 있다. 웃고

만 있나? 향기까지 풍기고 있다. 내리쬐이는 태양 … 한낮의 한가로움-. 비자는 비자고 우선은 장미가 좋다. 칡넝쿨에 매달려 꿀을 마시는 기분이랄까?

무작정 걸었다. 언덕이 보인다. 언덕을 오르니 내리막길이다. 터덜터덜 언덕을 내려갔다. 번화가가 나타난다. 어디로 갈까 … 횡단보도에 파란불이 켜진다. 횡단보도의 파란불은 건너라는 신호이기에 건넜는데 건너고 나니 막연하다. 에잇! 우측으로 가자. 한참 가다가 에잇! 좌측으로 갔다. 횡단보도가 또 나온다. 이번에는 큰맘 먹고 직진했다. 갈림길이 나타난다. 어디로 갈 것인가? 나는 봄베이의 모퉁이마다 괴로워했다. 신호를 기다리며 결심했다. 마음을 단단히 먹고 결정을 내리지 않으면 모퉁이마다 가슴에 파문이 일었기에 미리 미리 가슴 깊이 새겼다. 이번 횡단보도를 건너면 오른쪽으로 가자. 그렇게 서너 시간을 걸었을까? 작은 깨우침을 얻었다. 목적이 없으면 혼란스럽다는 것을-.

목도 마르고, 배도 고프다. 길거리 좌판 과일 장사가 보인다. 오렌지가 있다. 그건 1개 4루피란다. 파파야는 6루피 … 아니! 인도 물가가 왜 이리 비싸냐. 제일 싼 것이 바나난데 1루피에 2개란다. 그러니까 바나나 한 개면 한국 돈으로 15원, 두 개 삼십 원, 이백 원이면 큰 다발이고 천 원어치면 들고 가지도 못하는데 지금 이게 싼 게 아니다. 남은 몇 루피로 밥도 먹어야 하는데-. 바나나 4개를 샀다. 바나나가 든 비닐봉지를 오른손 집게손가락으로 휘휘 돌리며 터덜터덜 어딘지도 모르는 봄베이 시내를 걷는다. 평소 같으면 떼로 몰릴 거지들이 본 척도 않는다. 비즈니스 감각이란 것이다. 차라리 숙소로 가서 TV라도 보자.

지나가는 택시를 잡았다. 뒷좌석에 올랐다. 앗! 진짜 사고가 터졌다. 그게 그러니까 … 어젯밤 빈방을 찾느라고 이 호텔 저 호텔 다니다가 어느 싸구려 호텔에서 자고 아침에 나와서 택시 타고 꼬불꼬불 북적북적 일본영사관이었는데 … 운전사가 '어디로 모실까요?' 묻는데 할 말이 없다. 호텔이 어딘지 알 수 없는 것이다. 봄베이를 서울로 치면 종로인지 청량리인지 마포인지 강남인지 … 그러니까 나는 호텔 아니, 여관이 어디 있는지 모르는 것이다.

'어디로 모실까요?' 하고 운전사가 또 묻는다. 앞이 캄캄하다. 비자고 뭐고 인도 물가고 뭐고 아무 생각이 없다. 서울보다 스무 배는 더 클 것 같은 봄베이 시내 어디서 그 숙소를 찾는단 말이냐. 분명 체크인 할 때 여관 이름을 보긴 했는데-. 인도식 이름 … 뭐 알리바바 비슷한 … 아이쿠, 이제 정말 큰일 났다.

무슨 여관이더라? 알리바바? 걸리바바? 울리불리? … 아닌데 … 너무 지친데다 초만원인 봄베이 시내에서 빈방을 잡았다는 것만도 황송해서 여관의 이름 같은 건 볼 생각도 못했다. 아침에는 '난 비자만 받으면 되니까' … 그냥 맥 탁 놓고 여관을 나온 것이다. 여관 이름에 대한 부분은 애초에 입력된 적이 없다. 설사 걸리바바라 해도 이 넓은 봄베이 시내의 작은 여관을 운전사가 알 것 같지도 않다. 운전사가 백미러를 통해 이상한 듯 쳐다본다. 보통 때 같으면 미소라도 지어 보이련만 지금 한가하게 미소 지을 때가 아니다. 분명 머릿속에는 여관 앞의 거리가 선한데 거기가 어딘지 알 수가 없다 … 눈에 어린 그 거리 … 비가 내렸는데 … 비 내리던 거리로 가자고 할 수도 없고, 온통 거지인 세상에서 거지가 많은 동네라고 할 수도 없고 … . 갑자기 먼 하늘에서 쉬익! 새들이 날아온다. 허공에서 브레이크를 걸어 속도를 늦추고는 쏙 ~ 미끈하고 노련하게 새장으로 들어간다. 모이를 먹고 목을 축이고 다시 부리나케 놀러 나간 그날, 한 마리가 돌아오지 않았던 기억과 미국 교수가 네팔 가는 길에 델리에 들렀다가 그곳에서 평생을 살았다는 이야기가 떠오른다.

●

외국어대학교인가? 서강대학교인가?

학교 캠퍼스에 미네르바 동산이란 곳이 있단다. 대학시절 영란이와 희숙이가 축제 운운하던 가운데 미네르바 동산이라는 말이 인상에 남았다. 가보지는 못했지만 아름다울 것이라고 생각했다. 미풍이 불어오는 5월의 초저녁-. 사랑에 들뜬 선남선녀들이 조심스레 만난다. 미네르바 꽃이 흐드러지게 핀 벤치 밑에서 꽃향기에 취해 서로를 바라보는 눈동자 … 내 머릿속엔 미네르바 동산이라는 로맨틱한 컬러사진이 입력되어 있다. 그러나 나는 미네르바 꽃이 어떻게 생겼는지 모른다.

    이건 별개 이야기다. 환갑이 지나 악단을 조직했다. 베이스 클라리넷을 목에 걸고 춘천문화예술회관 무대에 올랐다. 공연이 시작되서야 내가 연습을 하지 않은 것을 알았다. 공연을 성공적으로 성사시키기까지 일이 너무 많아 개인 연습을 하지 못한 것이다. 자금 확보, 선곡, 편곡, 악보준비, 공연 전체 흐름 구상, 전체 연습, 인쇄물 디자인, 배포, 홍보, 무대 장치, 의전, 귀빈들 숙소 준비 … 이 많은 일들은 전체 일에서 20퍼센트도 아니 된다. 제일 큰일은 집객, 그러니까 잔치에 손님을 모시는 일이다. 공연 직전까지 수많은 일을 처리하다가 무대에 올라서야 연습하지 못한 것을 자각한 것이다. 그러나 이미 공연은 시작되었다. 김진묵트로트밴드가 〈이별의 부산 정거장〉을 연주하고 있다. 칙칙폭폭 기차가 달리고 있다. 아시다시피 이 노래는 전주 후에 노래, 그리고 간주가 나온다. 간주는 내가 베이스클라리넷으로 차고 나가면 아코디언이 화답하고 악단 모두 함께 쿵작 쿵작하기로 했는데 … 연습 때 나는 전체 사운드를 체크하며 '내 연습은 따로 해야지'라고 생각했다. 그러나 연습이 끝나면 급한 업무에 열중하느라 새카맣게 잊었다. 결국 연습 없이 무대에 올랐고, 지금 '♪쿵자자쿵작 판자집이여 경상도 사투리에♬' 1절 노래가 후반을 지나고 있다. 이제 '♬이벼얼의 부산 정거장 쿵자자쿵작♪'하고 나서 간주가 시작되면 내가 솔로를 차고 나가야 한다 … 오! 아부지 … 간주가 시작되었다 … 뺨뺨뺨빠 뺨빠바 밤빠밤 ♪… 다급해진 뇌가 지난여름 잠시 연습했던 기억을 꺼내서 연주하고 있는 것이 아닌가.

미네르바 동산이라는 상상 속 한 컷의 컬러사진 … 여관 옆에 극장이 있었다. 극장 … 그렇다! 미네르바 극장이다.

'헤이, 바바, 유노 미네르바 극장?'

'하이! 와이낫, 바바'

시동을 걸더니 신나게 달린다. 부-웅 이리꼬불저리꼬불 이리저리꼬불꼬불 30분쯤 달리니 저만치 반달 형 돌다리가 보인다. 다리 건너 저편 거지들 많은 곳에 어제 본 극장 그림

새 105

이 보인다. 택시가 다가갈수록 그림 속 여자의 큰 가슴이 클로즈업 된다. 바로 옆 노란 건물이 내가 묵은 곳이다. 간판이 보인다.

'호텔 굴리스탄.'

●

침대에 누워 천정에서 돌고 있는
커다란 바람개비를 본다. 내일 아침 일본영사관에 다시 가보는 수밖에 없다. 결론을 내리고 나니 배가 고프다. 길거리로 나왔다. 싸구려로 보이는 식당에 들어가 메뉴에 있는 닭고기를 주문했다. 잠시 후, 열 살 남짓 되어 보이는 조그만 녀석이 비썩 마른 손으로 달랑 조그만 스테인리스 접시를 코앞에 내려놓는다. 먹으려면 먹고 싫으면 말라는 식으로 정성이 하나도 없다. 아니 정성은커녕 내가 식당에 들어설 때 공책에 색연필로 뭘 그리고 있던 녀석은 애초에 내게 관심이 없었다.

녀석은 그렇다 치고 접시에 닭 다리 두 개가 있는데, 아니! 닭 다리가 왜 이리 날씬하냐? 이건 닭 다리라기 보단 오징어 튀김같이 생겼다. 능이버섯이 없으면 없는 대로 인삼, 황기, 엄나무, 은행, 대추, 통마늘에 미리 불려둔 찹쌀과 함께 가마솥에 푹 고아서 소맥을 잘 말아 한 잔 들이켠 후 소금후추 찍어서 … 이것이 우리 한반도 닭들의 일상일진대 지금 이 인도 닭은 … 녀석이 칼집을 낸 림카(레몬) 하나를 갖다 준다. 뿌려 먹든지 말든지 하라는 것이다. 닭에게 배신당한 건지 이 녀석에게 당한 건지 알 수가 없다.

아침 8시 기상, 마음 단단히 먹고 택시를 탔다. 그런데 운전기사가 어제 나를 이 호텔에 내려준 그 아저씨 아닌가, 이 복잡한 도시에서 묘한 인연이다. 그 아저씨가 어제 길을 거꾸로 달린다. 어제 문도 안 열어준 경비원 앞에서 택시를 탁 내리고 운전사에게 바이 바이하고 의기양양하게 일본영사관으로 … 어? 사진이 필요하단다. 빨리 시내 가서 찍어오라고 영사관 여직원이 일러준다. '아노, 사진관이 오데 이마스까?', '다쿠시노 운짱가 알지 않을까요' … 급하다. 후다닥 뛰어나왔다. 택시가 있을 리 없다. 어제 터덜터덜 걷던 장미의 길을 내달렸다. 빈 택시가 안 보인다 … 그럼 그렇지, 곧 빈 택시가 나타났다. 20여 분 꼬불꼬불, 사진관, 촬영, 현상, 인화 기다리는 동안 사진관 주위를 어슬렁거리는데 준비성 없는 내 성격이 밉기까지 하다.

다시 택시 타고 일본영사관으로 갔다. 우쉬! 점심시간이라고 오후에 접수하란다. 기다렸다가 점심시간 끝나자마자 접수했는데, 이건 또 무슨 날벼락이냐. 접수를 받은 여직원이 오전에 접수한 사람은 오후 4시에 주는데, 오후에 접수한 사람은 내일 11시 이후에나 받을 수 있단다.

'야! 나는 좀 특수한 케이슨데, 기다렸다가 받아 갈 테니까 아무리 늦더라도 오늘 중으로 해다오. 오후에 접수했다구 내일 주는 건 너희들 규정이고 나는 지금 까무라칠 지경이다.'

통사정을 했다. 여직원이 창구 밖으로 나오더니 나를 소파에 앉힌다.

'언제 비행기인데 그리 서두르냐?'

순간, 하늘이 또 무너진다. 원래 타기로 했던 비행기는 이틀 전에 떠났고 … 내일쯤 비행기가 있겠지만 어떤 비행기를 타야 하는지도 모르겠다. 그 여인에게 내 모든 상황을 이야기했다.

'여차저차 해서 일본 비자를 받아야 비행기를 탈 수 있고 그리고 어쩌구-.'

'그럼 최선을 다해 볼 테니까 그동안 너는 비행기 표를 예약하고 오후 4시까지 와라.'

일이 되건 안 되건 이 여자의 호의는 사막의 오아시스 … 급하다. 장미의 길을 눈썹이 휘날리게 뛰었다. 다쿠시를 잡아타고 인디아 에어라인 오피스를 가자니깐 모른단다. 그렇다면 시내 중심가로 가자. 처커덕 처커덕 미터요금 소리가 사나이 가슴을 저민다. 가만히 보니 인도 루피가 바닥났다. 까딱

하면 택시 값도 없겠다. 우선 은행으로 가자고 했다. 은행 앞에서 주머니를 뒤져보니 택시 값은 된다. 다행이다. 일본에서 쓰려고 꼬불쳐 놓은 마지막 비상용 달러를 환전하면 … 은행 카운터로 갔다. 뚱뚱한 인도 여인이 여권과 함께 내민 100달러짜리 여행자수표(T/C)를 보더니, 자기네와는 상관없으니 딴 은행으로 가랜다. 어디로 가면 되냐고 물으니 조그만 쪽지에 뭐라고 적어준다. 이를 들고 지나가는 택시에 올랐다. 운전사에게 쪽지를 보여주니 고개를 끄덕인다.

한 30분 달렸을까? 운전사가 차를 세우고 길 건너를 가리킨다. 하얀 간판의 은행이 보인다. 택시 값을 줘야 하는데 돈이 없다. '노 머니 바바' … 이거 인도에서 꼴이 말이 아니다. 릭샤 타고나서 10루피짜리를 내면 릭샤 운전사가 '노 체인지 바바' 거스름돈이 없다고 능청을 떤다. 이때 녀석의 웃주머니를 툭툭 치면서 '이건 뭐야? 인마!' 그러면 거스름돈을 주는데, 지금 내 경우는 능청이 아니고 진짜 '노머니'다.

택시 운전사야 내가 지금 노머니거든 … 여행자수표를 보여주면서 은행을 가리키며 기다리라니깐 알겠단다. 자동차들이 질주하는 거리를 건넜다. 외환 취급은 뒤로 돌아 2층으로 올라가란다. 2층으로 올라가니 안경 쓰고 타이핑하고 있던 아가씨가 옆의 빈 창구를 가리키며 담당 직원이 아직 안 나왔단다. 오후 3시가 넘었는데-.

●

〈백년의 고독〉을 쓴 마르케스의 작품 가운데 〈장군의 미로〉가 있다. 장군은 열심히 돌아가고 있지만 한 발짝도 가까워지지 않는다. 러닝머신 위에 있는 것이다. '상황이 그렇게 나쁘단 말인가? 어떻게 이 미로에서 벗어날 수 있을까?' 장군이 세상을 떠나기 일주일 전에 한 말이다. 내가 지금 러닝머신 위에서 뛰고 있는 것이 아닐까?

'언제 나오냐?'

'모른다.'

'그럼, 딴 사람이라도 이것 좀 인도 루피로 바꾸어다오.'

'안된다. 그건 그 사람만 할 줄 안다.'

밖에서 기다리는 운전사를 생각하면 빨리 돈을 바꿔야 되는데 직원은 안 나왔고-.

'그래도, 혹시 언제쯤 나올지 모르냐?'

'모르지, 안 나올지도.'

미로에 안개까지 꼈다. 내 상황이 이렇게도 나빠졌단 말인가? 어떻게 이 미로에서 벗어날 수 있을까? 그때 창구 안에서 40대 중반의 잘생긴 사나이가 여직원에게 무슨 일이냐고 묻는다. '이 남자가 어쩌구 여행자수표 가지구 와서 저쩌구' 힌디잉글리쉬로 빠르게 이야기하니 상황을 파악한 남자가 처리

해준다. 싸인하고 영수증 받고 한참을 기다려 돈을 받아 은행을 나왔다. 한 30분 걸렸나? 나와 보니 나를 기다려야 할 택시가 없다. 하기야 복잡한 봄베이 네거리에서 차를 세우고 마냥 기다릴 수는 없지. 불법주차 딱지나 끊지 않았는지 … '아임 쏘리 바바.'

택시를 타고 에어인디아 사무실로 갔다. 엊그제 공포의 질주 때 본 인도양 근처다. 30층쯤 되어 보이는 큰 빌딩 아래층이 전부 에어인디아 사무실이다. 책상마다 컴퓨터가 있고 에어컨도 시원하다.

짠! 드디어 '모레 아침 11시 도쿄행 비행기표'를 손에 쥐었다. 예약을 해 준 여직원이 사무실 앞에서 매시간 공항버스가 운행하니 그걸 타면 쉽게 갈 수 있단다. 다음날 오전에 일본 대사관 가서 비자 받고 하루 더 봄베이 시내를 어슬렁거리고 아침 일찍 일어나 샤워하고 에어인디아 사무실 앞에서 공항버스를 타니 안도의 한숨이 나온다.

봄베이 탈출 … 무슨 첩보영화 제목 같지만, 정말 내게는 탈출이 된다. 봄베이는 원래 뭄바이인데 영국 식민지 시절 영국 아이들이 봄베이라고 부르기 시작했단다. 봄베이건 뭄바이건 요 며칠 사이의 생각지도 않던 숨 가쁜 움직임이 재미있었다. 커다란 항공기가 시원하게 활주로를 내달더니 머리를 하늘로 치켜든다. 화장실에 가서 소변을 보고 거울을 본다. 거울 속의 내가 히죽 웃는다.

밤하늘의 별이 유독 아름답다. 카시오페아가 보인다 … 왼쪽 창가의 어둠 가운데 밝은 기운이 돌더니 희끄므레 밝아오기 시작한다. 비행기가 아침을 향해 들어가며 별들이 급속히 빛을 잃는다. 탑승객 모두 잠들어 있고 나만 홀로 아침이 오는 것에 동참한다. 아래에는 끝없는 구름바다가 펼쳐있다.

인생의 강물은 흘러간다

나의 삶은 어떠한 모습으로 전개될 것인가

덜컹! 강한 비바람에 마루의 덧문이 열렸다

자다 말고 깨어 마루로 나왔다. 새벽 3시 … 문을 활짝 열어놓고 비 내리는 정원을 바라본다. 비바람이 강하게 몰아친다. 정좌하고 심호흡을 해본다. 깊어지는 고요 … 정원 귀퉁이 쪽문을 비집고 고양이 한 마리가 나타난다. 등은 검고 배는 흰색이다. 비를 피해 내가 있는 쪽으로 오다가 처마 밑에서 스톱, 고개를 들고 내리는 비를 쳐다본다. 다시 발길을 옮기려다 움칫! 어둠 속에 앉아 있는 나를 보고는 부리나케 사라진다.

강한 비바람이 몰아친다. 다시 심호흡을 한다. 오랜 직장생활의 때는 벗은 느낌이다. 앞으로 나의 삶은 어떠한 모습으로 전개될 것인가. 삶의 날개만 믿고 날아오른 미래는 어떤 모습일까. 더욱 깊어지는 고요-. 내게 주어진 시간 … 인생의 강물은 흘러간다.

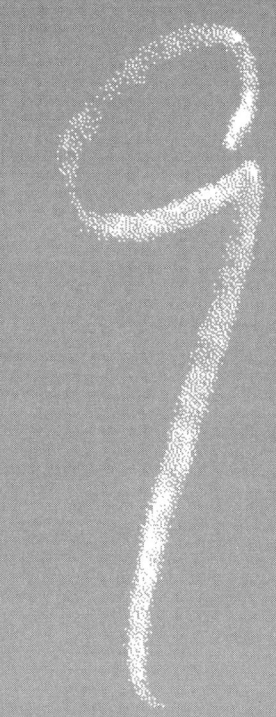

산으로 간 녀석들은
밤이 되어도 돌아오지 않았다

그 새들이 가끔 날아온다는 이야기를 들었다

새들에게도 삶은 쉽지 않다

새뿐인가. 모든 생명체의 삶은 무겁다. 지구의 중력 때문이다. 지속적으로 당기고 있는 힘. 모든 생명 있는 존재는 언젠가는 땅 위에 눕게 되어있다. 자연무심(自然無心). 천지불인(天地不仁). 생명 없는 존재도 언젠가는 사라진다. 우주의 법칙이다. 법칙에는 의미가 없다. 그러할 뿐이다.

새장을 갓 나온 여린 새들에게는 많은 것이 위협적인 존재가 된다. 인간이 만들어 놓은 구조물인 굴뚝, 물통, 좌변기, 창고―. 쥐, 고양이, 까치를 비롯한 그보다 강한 존재들과 아이들의 돌팔매질 … 이런 것이 그들에게 예기치 않은 상황을 만들어 낸다. 자칫 … 죽는다.

이놈들이 심심찮게 한 마리씩 실종이다. 하루는 고개 넘어 동네에서 바둑을 두다 그 집 아들 녀석이 우리 새를 잡아놓은 것을 찾아오기도 했다. 이 녀석이 자기가 잡은 새를 빼앗아 간다고 울고불고 야단이다. 내가 기르는 새라니까 거짓말 말라고 고래고래 소리를 지른다.

어느 휴일 오후, 커다란 미루나무 밑에 돗자리를 펴고 앉았다. 대열에서 이탈한 한 마리가 오른쪽 미루나무에서 왼쪽 미루나무로 날아간다. 포로로로로로로 … 순간, 맞은편 미루나무에 앉아 있던 까치 한 마리가 날아와 덥썩 물고 머리 위 미루나무에 가서 앉는다. 나뭇가지가 휘청 춤을 춘다.

열한 마리 … 열 마리 … 아홉 마리부터 실종률이 낮아졌다. 새들이 준엄한 상황을 인식한 것이다. 세월이 흘러 반 이상 희생되고 결국 여섯 마리가 문 앞 향나무 가지에 매단 새장에서 텃새의 모습으로 살기 시작했다. 반면, 놈들이 외식을 많이 하는 관계로 모이가 줄어들지 않는다.

새들은 오후가 되어 해가 기울면 하루의 일과를 마감하고 잠자리에 든다. 그만큼 아침에 일찍 일어나는데, 어둠이 가시기 전에 일어나 모이를 쪼고, 아침 운동을 시작한다. 늦잠 자는 녀석은 없다.
어느 날, 서산에 뉘엿뉘엿 해가 질 무렵이었다. 몇 놈은 둥우리 속에서 잠잘 채비를 하고 있고, 두 놈이 새장 밖에 있다. 둥우리 속에서 서로의 체온을 느끼며 있을 시간인데, 오늘따라 두 녀석의 행동거지가 다르다. 새장 주위를 맴돌며 목련나무에서 전깃줄로, 측백나무에서 처마로 우왕좌왕하고 있다. 잠시 후면 어둠이 내릴 터인데도 잠자러 들어갈 생각을 않는다. 이변이 생긴 것이다. 정상에서 벗어난 상황, 그러니까 비상(extraordinary)이다. 그러던 중 한 마리가 새장 앞에서 무어라 우짖는다. 한참을 우짖으니 어라! 취침 준비를 하던 놈 중 두 놈이 기어 나와 함께 뒷산으로 날아간다. 산으로 간 녀석들은 밤이 되어도 돌아오지 않았다. 두 놈은 둥우리에서 자는데-. 다음날 아침, 숫자를 세어보니 이상이 없다. 결국 네 마리가 외박을 했다는 결론이다.

'어제, 이 벚나무에 부엉이 한 마리 앉아 있는 것 봤어? 커다란 놈이 눈을 껌뻑이며 있던데….'

이웃 배씨의 말이다. 부엉이는 밤에 활동하며 쥐나 새를 잡아먹는 맹금이다. 두 놈이 부엉이를 본 모양이다. 부엉이를 못 본 놈은 둥우리에서 잠잘 채비를 하고 있었지만 부엉이를 본 놈들은 오늘 밤은 피신하는 것이 현명하다고 결론을 내린 것이다. 이들이 피신을 권하자 두 마리는 집을 나와 같이 산으로 갔고, 두 마리는 '헛소리하지 말라'며 그냥 잤다. 새들이 이렇게 섬세한 대화를 나눌지는 몰랐다. 언제나 이들의 대화가 들릴까?

새들이 알을 낳기 시작하면 하루에 하나씩 낳는데 보통 예닐곱 개의 알을 낳는다. 특별한 경우 열 개 가까이 낳는 것을 본 적 있다. 그리고 정확히 3주, 스무하루 만에 한 마리씩 알을 깨고 나온다. 새끼들은 다시 3주 후면 날기 시작한다. 깃이다 자란 새끼들이 둥우리에서 나와 비행술을 익히는 데는 하루가 걸린다. 그러나 알을 낳는 대로 전부 새가 되어 하늘을 나는 것은 아니다. 알에서 나와 하늘을 날기까지 많은 사고가 생긴다. 대부분 둥우리에서의 실족사다. 잘해야 반 정도만 살아남는다. 영아 사망률이 높은 것이다.

이놈들이 어느 날부터 작은 나뭇가지들을 물어다가 화장실 앞 측백나무에 집을 짓기 시작했다. 보드라운 풀잎으로 마감처리를 끝내고는 이주, 바로 알을 낳아 새끼를 기르기 시작했다. 새장은 이제 식당으로만 사용한다. 계란색 새끼 네 마리가 날기 시작한 날, 엄청난 비가 쏟아졌다. 그 후, 새들을 볼 수 없었다. 그 이듬해, 동네 사람들에게서 그 새들이 가끔 날아온다는 이야기를 들었다.

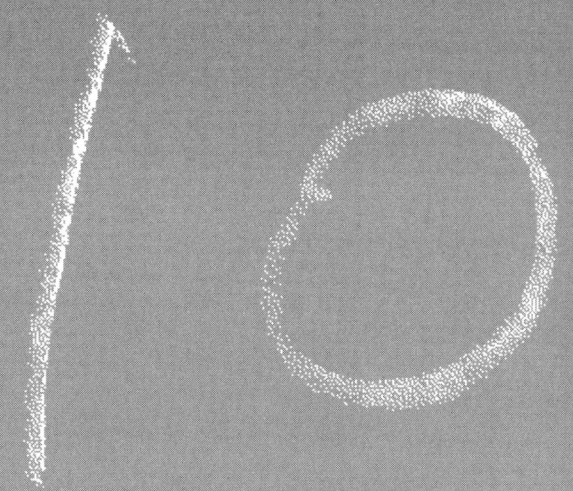

칠성별이 지평선 위에 누워있다

지구의 모퉁이에서 잠시 쉬고 있는 나는

인도와 케냐는 왕래가 많다는 말을 들었다

케냐는 동아프리카의 관문이라고 했다. 네 번 째 인도여행 중 문득 아프리카에 가보고 싶었다. 케냐 나이로비에 가면 한국 식당이 있는데 냉면을 잘한다고 한다. 냉면이 먹고 싶었다. 누군가 냉면 먹으러 아프리카에 가냐고 묻는다.

뭄바이 공항(그동안 봄베이가 원래 이름인 뭄바이로 바뀌었다)에서 이륙한 비행기가 여섯 시간을 날아가니, 햇빛을 반사하는 바다 끝에 거대한 육지가 있다. 아프리카 대륙이다.

케냐 나이로비 공항 도로 옆 벤취에 앉았다. 어떻게 재미있고 안전하게 보낼 것인가? 입력된 정보가 없기에 출력도 없다. 우선 나이로비 시내까지 걷기로 했다. 택시 운전사에게 시내까지 걸어가면 얼마나 걸리느냐고 물으니 세 시간 걸린단다. 콧노래를 부르며 한적한 도로를 걷기 시작했다. 경사가 완만한 내리막길이 정겹다. 뒤를 보니 택시가 나를 따라온다. 나는 걷고 그는 나를 호위하듯 따른다. 윤기 있는 검은 피부를 가진 운전사의 이름은 '헨리'였다. 영국의 지배를 받았음을 보여주는 이름이다. 미국 흑인들의 이름은 노예로 부린 주인의 이름을 딴 것이지만 이 친구의 이름은 왜 영국식일까? 영국도 식민지 사람들에게 창씨개명을 강요했나? 아니면 식민지라는 현실에 부응한 약삭빠른 녀석의 후예인가? 검은 헨리는 나를 나이로비 시내 '680호텔'에 내려주었다. 객실이

680개라서 붙은 이름이다.

호텔에서 이틀을 잤다. 새장을 나온 지 석삼년이 되었는데도 아직도 잠에 대한 보상심리가 작동하고 있다. 그동안 호텔 식당에서 비프스테이크 한 번, 오렌지 주스 두 잔 마신 것이 전부였다. 대망의 아프리카에 놀러 와서 잠만 잘 수는 없다. 밖으로 나왔다. 무작정 걸었다. 도시는 크지 않았다. 빌딩 숲이 끝나니 야외 시장이다. 북적거리는 시장이 인도와 별반 다를 바 없다.

하칠복이 적어 준 만주라는 인도 여인에게 전화했다. 나이로비에서 식모살이 비슷한 걸 하는 이 여인은 20년 후에 나와 다른 채널로 연결된다. 이 이야기는 나중에 다른 책에서 한다. 만주가 전화번호 하나를 알려준다. 오스카라는 녀석이다. 시내 카페에서 오스카를 만났다. 나와 동갑나기 케냐 녀석인데 백인이다. 자기 조상이 150년 전에 케냐에 정착했단다. 아버지는 불가리아계인데 돌아가셨고, 엄마는 루마니아계란다. 녀석이 영국 출신 떠돌이 여인 니라(가수 겸 리코더 연주자)를 잘 알고 있었다. 니라는 일본에 체류하고 있는데 비자가 만료되면 한국으로 와서 나와 함께 며칠 있다가 일본으로 가고는 했다.

오스카가 자기 어머니 집에서 묵으라고 한다. 어머니가 사는 집은 나이로비 중심가 살짝 벗어난 곳의 고급 주택이다.

사람들은 그 집을 '뮤지엄'(박물관)이라고 부른다. 이렇게 해서 오스카의 어머니와 동거생활을 시작했다. 어머니 에리카는 우리 엄마 또래의 깐깐한 할머니다. 몇 명의 흑인 하인들과 이 거대한 집에서 살고 있다. 오스카의 아버지가 서재로 쓰던 방을 내가 쓰기로 했다. 창밖은 백인 상류층이 모이는 술집이다. 밤이면 음악 소리가 크지 않게 들리고 창 바로 아래 가든 테이블에서 소곤소곤 술 마시며 대화하는 소리가 들린다. 말이 나왔기에 하는 말인데 나중에 … 그러니까 내가 케냐를 떠나는 날 아침, 에리카가 일러준다. 옆 술집이 한국 여인이 하는 거란다. 미스 서라고 했던가, 미인이고 교양 있는 이웃이라고 … 이렇게 큰 정보를 떠나는 날 주는 건 뭔지 … 내가 이웃이 되어 눌러살까 봐 그랬나? 그 야속한 에리카를 나는 엄마라고 불렀다.

'진묵, 장보러 가자.'

엄마가 운전하는 지프를 타고 마트에 간다. 도심 반대쪽 고개를 넘어가면 신도시가 나온다. 야야 센터라는 곳에 커다란 마트가 있다. 그곳 한국식당에서 엄마와 냉면을 먹는다.

'오스카 녀석이 고등학교 졸업하던 해에 여행을 떠났는데 16년 만에 돌아온 거 있지. 그동안 편지 한 통 없었단다. 너는 그러지 마라.'

엄마 입이 이만큼 나와 있다.

'오스카가 시내 어딘가에서 여자와 동거하고 있는 모양인데, 나는 누군지도 모르는 거 있지. 거지 같은 녀석-. 너는 그러지 마라.'

매일 아침 8시에 엄마와 함께 흑인 요리사가 해 주는 아침을 먹는다. 케냐 커피와 함께 우유, 거트, 야채, 잡곡빵, 6분 동안 삶은 계란, 과일을 먹는다. 아침을 먹고 나이로비 시내로 나왔다. 시내를 어슬렁거리다가 버스를 탔다. 야외 시장을 지나고, 주택가를 지나 한 30분 달렸을까 … 아무도 없는 숲 속이 종점이다. 승객은 중간에 다 내리고 나만 종점까지 왔다. 숲 속 공터 중심에 거대한 나무 한 그루 … 버스가 이 나무를 한 바퀴 돌아 들어오던 쪽으로 방향을 잡고 선다. 운전사가 시동을 끄고는 30분 후에 출발한다고 한마디 남기고 버스를 내린다. 정적이 감도는 숲 속 … 우두커니 빈 버스에 앉아 있다가 내렸다. 아무도 보이지 않는다. 더위를 피해 숨었는지 새소리도 없다. 누군가 나무에 거울을 걸어 놓았다. 그 앞에 접이식 의자 하나 달랑! 거울과 의자, 무엇일까?

어느 날 저녁, 수염이 많은 영국 아저씨와 뚱뚱한 미국 아줌마가 우리집(?)을 방문했다. 남자는 헨리라고 했고, 여자는 줄리라고 했다. 헨리는 잔잔한 미소에 말이 없고, 줄리는 포

근하다. 동거한 지 5년 되었단다. 나이로비에서 차로 50분 거리인 마차코스에서 살고 있단다. 이튿날, 그들의 차를 타고 마차코스로 갔다. 사방이 지평선인 초원 가운데 2층 목조 한 채가 서 있다. 냉장고에 먹을 것이 많다. 김치도 있다. 왜 간장도 있다. 고춧가루도 있다. 새우젓도 있다. 나는 계란찜, 야채볶음밥, 쇠고기무국, 오이양파무침 등을 만들어 식탁을 차렸다. 야외 발코니에서 저녁을 먹고 나면 보라색 어둠이 내린다. 사방이 지평선이기에 황혼의 시간이 길다. 별이 나타난다. 칠성별이 지평선 위에 누워있다.

●

폭우로 커피농장이 망가진다

물길을 막던 농부들이 포기한다. '몸바사의 것은 몸바사에게로' … 어쩔 수 없는 것, 불가항력을 말하는 속담이다. 농장의 작물이 떠내려간다. 영화 〈아웃 오브 아프리카〉의 장면이다. 커피농장은 해발 1700미터 나이로비 외곽에 있다. 나이로비의 물은 몸바사로 흘러간다. 몸바사는 인도양에 접한 케냐 제2의 도시다. 우리나라로 치면 부산인 셈.

줄리 아줌마가 운전하는 차로 공항으로 갔다. 프로펠러가 양쪽 날개에 하나씩 있는 자그마한 비행기에 올랐다. 감색 제복을 입은 흑인 조종사가 수많은 계기를 점검하고 있다. 손바닥이 빨갛다. 조종석을 통해 객실로 들어가니 좌석이 40개 남짓, 고속버스처럼 양쪽에 두 사람씩 앉게 되어있다. 흑인 여승무원 지시에 따라 안전벨트를 착용하니 비행기가 움직인다. 활주로를 구르는가 싶더니 사뿐! 바로 바퀴를 접어 넣고는 땡! 담배를 피워도 좋다는 신호가 떨어진다. 프로펠러 소리가 좋다. 일반 제트여객기는 좌석이 날개보다 높은 데 있는데 이 비행기는 날개 밑에 있다. 공기쿠션을 타고 가볍게 하늘을 날아간다. 제트여객기처럼 강제로 비행하는 느낌이 없다. 비행기 타는 게 기분 좋아 보기는 처음이다. 맑은 하늘에 점점이 떠 있는 구름 사이를 프로펠러를 돌리며 날아간다. 고도가 얼마나 될까? 세렝게티 국립공원의 짙푸른 밀림 위에 우리 비행기 그림자가 보인다.

몸바사 공항에 내리니 더위가 엄습한다. 인도인들이 많다. 인도양에서 배가 난파되면 해류를 따라 아프리카 동해안에 닿는단다. 그러니까 이들은 예로부터 풍랑을 만났다가 구사일생으로 살아남아 정착한 인도인들의 후손들이다.

바오밥 나무가 있는 호텔 발코니에서 코발트 빛 인도양을 바라보며 오렌지 쥬스를 마신다. 어디선가 이맘(회교 성직자)의 노랫소리가 들린다. 자, 여기까지 흘러왔으니 … 킬리만자로를 가볼까? 킬리만자로는 이웃 나라 탄자니아에 있다. 킬리만자로는 누구나 가는 곳이니 별로 마음이 내키지 않는다. 계곡 양쪽으로 탄자니아 토종닭집과 킬리만자로 산채비빔밥집이 있는 관광지 혹은 유원지가 되었을 가능성 때문이다. 다음에 오르기로 하고 이번에는 먼발치서 보기만 하자. 지도를 보니 탄자니아 국경에 타베타라는 작은 마을이 있다.

이튿날 밤, 시외버스를 타고 타베타에 도착했다. 종점에서 내리니 아차! 암흑세계다. 막차도 끊어진 타베타의 밤 … 거시기한 마음으로 어두운 동네를 배회하는데 좀 거시기하다. 그래서 할 수 없이 '이장님, 저 있잖아요. 이렇게 작은 마을인지 모르고 왔는데요. 밤이 깊었네요. 막차도 끊어졌구요. 그래서 좀 거시기하지만 … 하룻밤만 재워주시믄 안되요? 밖에서 자도 되는데 모기 때문에요'라고 하려고 이장댁을 찾는데 백열등이 켜있는 허름한 과일가게가 하나 있고, 그 옆에 불 꺼진 호텔이 있다.

'국경 마을이기 때문에 숙소가 있는 거예요. 아침 일찍 탄자니아로 넘어갔다가 오려는 사람들 때문에요.'

열 살 남짓한 카운터 소년 그러니까 호텔, 아니 여인숙 주인 아들의 말이다. 나는 앞으로 처음 가는 곳에는 밤에 도착하지 말아야겠다고 생각했다. 킬리만자로가 눈앞에 있단다.

어렸을 때 본 헤밍웨이의 〈킬리만자로의 눈〉, 기억에 남는 것이 없다. 단, 환상적인 느낌으로 남아있는 한 장면 … 눈 속에 파묻힌 표범시체다. 헤밍웨이는 킬리만자로 정상, 눈 덮인 곳에 표범 한 마리가 죽어있다고 했다. 날이 밝으면 눈 앞에 펼쳐질 킬리만자로 … 정상의 흰 눈을 상상하며 잠자리에 들었다.

'나는 지금 지구의 어두운 모퉁이에서 잠시 쉬고 있다 … 바람처럼 왔다가 이슬처럼 갈 순 없잖아 내가 산 흔적일랑 남겨둬야지♪' 양인자 선생이 가사를 썼고 선율은 김희갑, 조용필이 불렀다. 이태백이 오버랩된다. '당대불락음(當代不樂飮) 허명안용재(虛名安用哉)' 술이나 즐길 일이지 부질없는 이름을 남겨 어디다 쓸 것인가. 지구의 모퉁이에서 잠시 쉬고 있는 나는 '내가 산 흔적일랑 남기지 말아야지'라고 생각하며 잠이 들었다.

비행기는 인도양에 반사되는 햇빛 위를 날았다. 아프리카 해안으로 접근하며 고도를 낮추기 시작했다. 나이로비 공항에 착륙하기 위한 것이다. 사람들이 술렁이기 시작했다. 케냐 산을 지나는 중이란다. 창밖을 보았다. 수직으로 선 빙벽을 비행기가 지나고 있다. 고개를 들어 본 가파른 산 위에는 눈이 덮여 있다. 듣도 보도 못한 케냐산이 이럴진 데 나는 지금 아프리카 최고봉 킬리만자로 앞에 있다. 새벽, 두근거리는 마음으로 창문의 커튼을 헤쳤다.

흰 눈을 머리에 인 웅장한 킬리만자로가 장관을 이루고 있을 줄 알았는데 멀리 희뿌연 지평선에 완만한 곡선으로 비스듬히 누워있다. 더구나 구름이 끼어 정상이 보이지 않는다. 어설픈 떠돌이에게 킬리만자로는 자신을 배알할 기회조차 제공치 않는단 말인가? 나는 계획을 수정했다. 그냥 이 국경 마을에서 며칠 머물기로 했다. 지구의 모퉁이에서 잠시 쉬기로 한 것이다.

이 작은 마을의 한 개뿐인 카페에서 커피를 주문했다. 씁쓸하고 독특한 향미를 지닌 케냐 커피를 마시며 볼품없는 시멘트 테이블에서 편지를 쓴다. 한적한 아프리카의 한낮, 우체국으로 가는 길-. 학교를 마치고 돌아오는 아동들이 이방인을 발견했다. 내 주위에 우루루 몰려 따라오면서 웃고 떠들고 난리가 났다. 약간의 경계심 속에 보이는 검은 웃음이 건강하다. 건조한 땅에 승용차 한 대가 심한 먼지를 일으키며 지나간다. 먼지가 걷히면서 어미 닭이 병아리 몇 마리를 이끌고 길을 건너는 모습이 클로즈업된다. 우체국으로 들어섰다. 정겨운 시골 우체국이다. 창구에는 여인이 있고, 뒤에는 남자가 사무를 보고 있다. 애앵! 갑자기 사이렌 소리가 들린다. 사무를 보던 남자가 급히 서류를 챙겨 서랍에 넣는다. 여직원이 잽싸게 창문을 닫는다. 아프리카의 정치 상황이 불안하다는데 무장 반군이라도 나타났나? 여기는 평온한 시골 마을이 아닌가. 직원들 움직임이 예사롭지 않다. 눈빛도 이상한 것 같다. 옆 나라 탄자니아에서 쳐들어 왔나? 급히 우체국을 나왔다.

먼지를 달고 달려온 군용지프가 내 앞에서 멎는다. 군복을 입은 흑인들이 뛰어내린다. 모두 총을 들고 있다. 그들이 내게 다가온다. 그 가운데 키 작은 남자가 나를 부른다.

'헬로, 재패니즈.'

여행 중 마주치는 동양인 모두 일본인이었음을 감안하면 당연한 물음이기도 하다. 나는 코리안이라고 그의 물음을 정정했다.

'웨어 아 류 고잉?'

'잘 모르겠다. 그냥 떠돌이다.'

그가 내 머리에 총을 겨눈다. 손을 들어야 되나? 알 수 없는 일이다. 흥분하면 아니 된다. 나는 고요하게 그를 바라보았다. 그리고 천천히 왼손을 들어 내 머리를 향하고 있는 총구를 치웠다. 차가울 것이라고 예상했던 총구가 아프리카의 열기로 뜨듯하다.

'어디로 가는가는 내가 알아서 할 일이다. 그건 내 자유다. 무장도 하지 않은 이방인의 이동 경로를 알아서 뭐 할 거냐?'

태연한 척했지만 급하니까 한국말이 튀어나온다. 녀석이 당황하는 눈치다. 그리고는 일행 중 상급자인 듯 배가 불룩 나온 남자를 쳐다본다. 하도 배가 나와서 자켓의 단추가 떨어져 나갈 것 같다. 그가 눈을 가느스름하게 뜨더니 서서히 고개를 끄덕인다. 그리고 결심한 듯 오른손 아니, 왼손 엄지를 거꾸로 세운다. 이를 본 녀석이 내 머리통에 대고 방아쇠를 당긴다.

　　'철컥!'

　　실탄이 없다. 나는 그를 노려보았다. 그가 다시 방아쇠를 당긴다.

　　'타앙!'

　　나는 즉사했다.

●

총소리에 열대의 새들이 날아올랐다

죽음은 처음이라 낯설었다. 그러나 어둠과 정적은 익숙했다. 내가 태어나기 이전의 그것이었다. 죽음의 주체는 나인가? 죽음인가? 어둠이 나를 삼키는 것인가? 내가 어둠의 나락으로 떨어지는 것인가? 하늘이 몹시 아낀다는 청복(淸福)한 삶은 아무나 얻기 힘든 고귀한 것이라 했다. 내가 떠돌아다니는 것은 마음에 드는 곳에서 청복한 삶을 살려는 것이었는데 …
유인(幽人)으로 살겠다고 새장을 나와서 이제 하늘에 익숙해
지려는데 여기서 유령(幽靈)이 되는구나. 아! 나는 바람처럼
왔다가 지구의 모퉁이에서 이슬처럼 가는구나. 내 이럴 줄 알
았다 … 라고 상상을 하며 우체국에서 편지를 부치고 나오는
데 자전거를 탄 경찰관이 나를 부른다. '이번 여행 장난 아니
구나. 재수 없으면 끌려가서 죽도록 고생하는 것이 아닌가'라
고 생각했다. 경찰관이 다가와 내가 카페 재떨이 위에 버리고
온 쓰다만 편지를 건네준다. 어느 동양인이 카페에다 편지를
두고 갔는데 이를 찾아주기 위해 온 마을에 비상이 걸렸단다.
사이렌은 나를 찾기 위해 울린 것이었다.

　여인숙으로 돌아왔다. 종일 구름에 가린 산이 저녁이 되자
서서히 나타나기는 하는데, 실루엣만 보일 뿐 정상의 흰 눈은
보이지 않는다. 아직도 킬리만자로 정상 주위에는 많은 구름
이 몰려있다. 카프카의 성(城)에 다다른 K가 결국 성에 들어
가지 못하듯 이곳 타베타까지 와서 킬리만자로를 못 본단 말
인가?

●

아침인데 창밖이 소란하다

커튼을 젖히니 길거리에 사람들이 많다. 오늘이 장날이란다. 탄자니아에서도 사람들이 몰려온단다. 장터로 나갔다. 넓은 터에 사람들이 붐빈다. 마사이족 남자 세 명이 나타났다. 한곳에 정착하지 않는다는 이들은 다른 흑인들에 비해 덩치가 크다. 영화 〈아웃 오브 아프리카〉에서 횡으로 열을 지어 맨발로 평원을 달리던 마사이 사람들-. 귓불에 구멍을 뚫어 귀를 길게 늘어뜨리고, 빨간 천을 두르고 긴 창을 든 것이 이들의 패션이다. 이곳 흑인들도 우리와 같은 일상복 차림인데 마사이는 자신들의 전통을 지키고 있다. 문명을 거부하고 사는 그들에게 위엄이 서려 있다. 이곳 주민들도 그들을 존중하거나 배려하는 눈치다. 이들은 입을 굳게 다물고 눈으로 이야기를 한다. 자기네들끼리 대화도 낮은 음성으로 간단하게 나눈다. 다른 종족을 대할 때는 고개를 세운 채 눈을 내리깔고 내려본다.

모든 아프리카 사람들이 제도권에서 살고 있는데 마사이족만은 통제가 안 된단다. UN의 원주민 보호대상인 이들은 국경을 인정하지 않는단다. 철조망이 가로막혀 부엌에서 우물을 가지 못하는 민족에게 시사하는 바가 크다.

킬리만자로가 알몸을 드러내기를 기다린다. 머리 위 태양이 따갑다. 구멍가게에 앉아 냉장도 되지 않은 사이다를 마신다. 자투리 나무로 대충 만든 테이블 위에 개미들이 기어 다닌다. 사이다를 한 방울 떨어뜨렸다. 순식간에 개미들이 몰려든다. 이 사이다를 마시는 개미는 영원히 목마르지 아니하리니 … 찌직! 머리 위 태양이 타는 소리가 들린다. 기다림, 권태, 막연한 그리움 그리고 저 밑바닥에서 꿈틀거리는 욕정 … 슬슬 눈꺼풀이 무거워진다. 여인숙으로 돌아와 신발을 신은 채 침대에 누웠다. 신동헌 선생이 이곳의 과일이라며 뭔가를 한 아름 들고 방으로 들어오신다. 옆에서 누군가 일어나 그 과일을 받아든다. 류시화 시인이다. 목마름에 잠을 깼다. 여인숙의 커튼을 젖히고 킬리만자로를 본다. 더욱 짙게 드리운 잿빛 구름 … 결국 킬리만자로의 흰 눈은 못 보고 마는가? 세 밤을 자며 기다린 킬리만자로는 끝내 자신의 모습을 선명하게 보여주지 않았다. 1986년 일본 후지 재즈 페스티벌에 초빙되어 닷새를 머물 때도 후지산 정상을 보지 못했는데 지난번 동경발 봄베이 행 비행기에서 구름 위로 솟아오른 후지산을 보지 않았던가. 킬리만자로의 흰 눈을 언젠가 볼지도 혹은 보지 못할지도 … 삶이란 알 수 없다.

●

커다랗고 튼튼한 트럭이

황량한 사바나 지대를 달린다. 흙먼지를 달고 벌판을 달리던 차가 길을 벗어나 고목나무 밑에 선다. 조수와 요리사가 잽싸게 주위의 나무를 주워 불을 피운다. 이들이 저녁 식사를 준비하는 동안 어둠이 내린다. 일행의 리더인 덩치 큰 흑인 운전수가 짧은 쇠막대를 고목나무에 두드려 박더니 유리로 된 가스등을 건다. 가스등에서 그의 눈빛 닮은 강렬한 백색의 빛이 나온다. 그가 손뼉을 쳐서 우리를 가스등 밑으로 집합시킨다. 우리는 16명이다. '2인 1조, 텐트와 매트리스는 차량 지붕에 있는데 오늘 사용한 텐트의 번호를 잘 익혀 두었다가 바뀌지 않도록 할 것!' 나는 멕시코에서 알로에 농사를 짓는 이그나시오와 같은 조가 되었다. 운전수가 여러 가지 주의를 준다. 불조심하고, 물 아껴 쓰고, 토인들 만나면 원시인이라고 무시하지 말고 … 어둠 속 나무 위에서 원숭이 떼가 우리를 지켜보고 있다.

모래와 검은 바위뿐인 지역을 트럭이 달린다. 풀 한 포기 없다. 더운 바람이 분다. 밤이 되어도 기온이 낮아지지 않는다. 너무 더워 잠을 이룰 수 없다. 이방인을 지치게 만드는 더위 … 아침이 되어도 기온은 별 차이가 없다. 텐트도 뜨끈뜨끈 매트리스도 뜨끈뜨끈 의자도 뜨끈뜨끈 물통의 물도 따끈

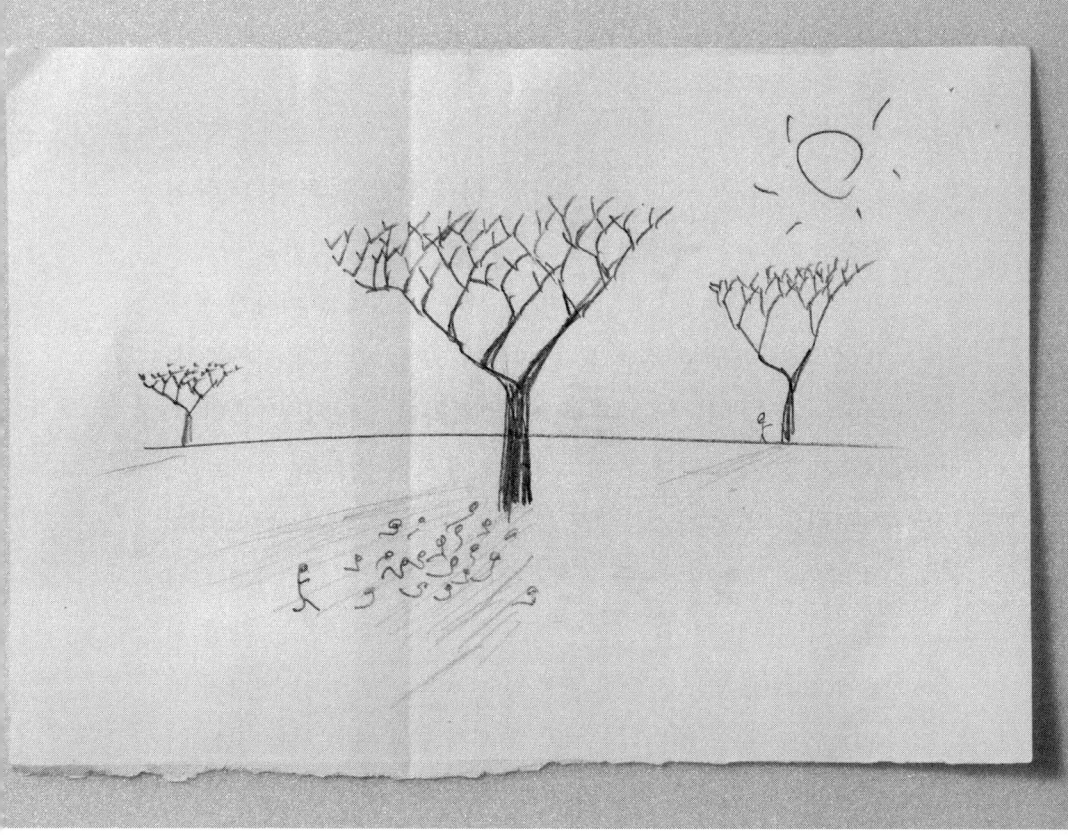

나무 밑 원주민들

하다. 모든 것이 뜨끈뜨끈, 모든 사물이 열을 발산한다. 모든 것이 체온보다 따듯하다. 하루 두 알 말라리아 약을 먹는다.

황량한 벌판 멀리 원주민들의 마을이 보인다. 다큐멘터리 필름에서 보던 낯익은 마을이다. 붉은 황토 위에 나무로 대강 얼기설기 엮어 놓은 가옥이 보인다. 새둥우리를 닮았다. 커다란 나무 밑에 마을 사람들이 옹기종기 모여 있다. 태양이 뜨거워 나무 그늘 밖으로 나갈 수가 없다. 태양의 이동에 따라 움직이는 나무 그늘이 낮 동안 행동반경이다. 누군가 입심 좋은 사람의 재담이 한창이겠지. 이들에게 설화문학이 발달하지 않았을까? 이들의 일과는 해가 기울면 시작되지 않을까?

황량한 고갯길에서 차가 멎는다. 차양이 넓은 모자에 나비모양의 선글라스를 쓴 백인 여인이 흑인 소년 몇 명을 거느리고 우리 차를 기다리고 있다. 조수가 여러 가지 보급품을 내려놓는다. 소년들이 지프에 보급품을 옮겨 싣는다. 저쪽 산봉우리에서 사는 여인이란다. 그 꼭대기에 샘이 있단다. 멀리 실루엣만 보이는 높은 봉우리에 흰 구름이 감돌고 있다. 여인이 흰 손으로 나를 잡아끌며 속삭인다. 현명한 사람은 천지를 버린다(達士遺天地) 했습니다. 구름 속에서 약초를 캐며 함께 노년을 맞으면 어떻겠습니까. 리라꽃 향기 속에서 은하수에서 떨어지는 샘물을 마시며 산발한 머리로 청산에 앉아 있으니 코끼리 울음소리가 백발을 재촉한다. 개가 짖어서 나가보니 한국에서 친구들이 거문고를 안고 왔다.

한반도 반쯤 크기의 거대한 호수, 우리의 목적지인 투르카나 호수다. 호수 곁의 오아시스에는 경비행기용 활주로와 풍

향계가 있고 잘 가꾸어 놓은 인공 숲이 있다. 두 개의 풀장을 수로로 연결해 놓았다. 자연석 사이를 흐르는 수로가 꼬불꼬불하다. 위 풀장의 물은 너무 뜨겁고 아래 풀장은 약간 뜨겁다. 온천 수영장이다. 수로가 길고 꼬불꼬불한 것은 물을 식히기 위한 것. 그 숲 속 리조트 야외 바에 흑인 남자의 흑백사진이 걸려있다.

'저 녀석은 꼭두각시야. 인구 중 10%를 차지하는 백인들이 정권을 잡고 있어. 10%의 인도계가 상권을 쥐고 있고 흑인들은 그 밑에 있어.'

운전수가 캔맥주를 건네며 말한다. 이곳 케냐의 가는 곳마다 걸려있는 그 사진 속 인물이 대통령이란다. 비슷한 경험을 하고 자란 나는 저 사진 대신 이곳 백성들이 좋아하는 연예인이나 운동선수 사진으로 바뀌기를-.

토인들이 젓는 카누를 타고 투르카나 호수의 섬으로 갔다. 여의도 반 정도 크기의 섬. 서른 채 정도 가옥에 백여 명의 토인이 고기 잡고 약간의 농사를 지으며 살고 있다. 대나무 비슷한 탄력 있는 나무로 엮은 이글루 비슷한 집이 정겹다. 이들은 대대로 이 섬에 살았는데 최근에는 의무교육 때문에 어린이들은 매일 뭍으로 나오고, 어른들은 교회 때문에 매주 일요일에 나온단다. 교회에 가면 사탕을 하나씩 준단다.

덴마크 농업학자가 이들에게 농업기술을 가르쳐주려고 왔다가 이들의 농사기술이 자기보다 뛰어난 것을 보고 자신들의 지식이 아프리카에서는 통하지 않는 것을 알았단다. 운전수가 아프리카는 덴마크가 아니라고 한다.

●

거대한 사바나 지대를 철마가 달리고

'1913년 케냐, 아프리카'라는 자막이 나타난다. 영화 〈아웃 오브 아프리카〉의 첫 장면이다. 주인공 덴마크 여인 카렌 브릭센이 커피 농장을 일구며 살던 집이 관광객을 맞는다. 한적한 언덕 위에 거대한 저택이 있고 그녀가 데니와 사랑을 나누던 방에는 적막이 감돈다. 카렌과 데니가 축음기로 모차르트 〈클라리넷 협주곡〉을 듣던 정원에서 하늘을 바라본다. 데니 아니 로버트 레드포드가 경비행기를 몰고 나타났다. 메릴 스트립이 뛰어 나와 하늘을 바라본다. 사람들이 유럽에서 전쟁이 났다고 일러준다. 클럽에서 사교를 즐기던 백인 남자들이 패가 나뉜다. 몇몇은 조국으로 참전하러 가겠다고 한다. 데니가 중얼거린다. '유럽에서 전쟁이 났는데 왜 니들이 난리냐?' 그는 사람들을 뒤로하고 사냥을 떠난다. 그가 내게 따라오라고 윙크를 한다. 따라나서서 비행기를 탔다. 밤 8시

05분에 뜬다는 여객기가 8시 40분에 활주로를 달린다. 나이로비의 야경이 펼쳐진다. 지평선 너머로 초승달이 숨는다. 아웃 오브 아프리카-.

삶이란
지금 내 앞에 펼쳐져 있는 이것이다

인간이 쉴 곳은 결국 관능이란 말인가

하얀 식탁보의 동그란 테이블에서

맥주와 와인을 곁들여 저녁을 먹었다. 벵(Bengkt)은 나를 '인묵'이라고 부른다. 내가 온다기에 일찍 퇴근했단다. 스웨덴에서는 J를 Y비슷하게 발음한다. 재팬(japan)은 '야판'으로, 재즈(jazz)는 '야츠'로 … 아빠를 오랜만에 만난 경원이 녀석이 신이 났다.

'아빠! 왜 수염을 길렀어?'

'기른 게 아니라, 깎지 않은 거야.'

'내 이름이 까리나(Carina)래. 벵 아저씨가 달력에서 보구 지어줬어.'

나는 '이 동네는 사람 이름을 달력을 보고 지어주나 보다'라고 생각했다.

'아빠! 우리는 밥을 먹잖아. 여기 사람들은 감자를 먹어. 봄에 감자 심기 전에 동네 사람들이 숲 속에서 감자 파티를 하거든. 감자를 종류별로 먹으면서 어느 감자가 제일 맛있는지 투표를 하는 거야. 그래서 당선된 감자를 심어. 근데, 사람들이 좋아하지 않는 감자에 두 표가 나왔데-. 사람들이 막 웃으면서 이거 누가 찍었어? 그러더라구, 그게 엄마하고 내가 찍은 거야. 창피해서 혼났어.'

'열 종류 정도를 맛보는데, 들러리로 세운 후보에 두 표가 나오니깐 사람들이 추적을 한 거에요. 여기 사람들하고 우리

는 입맛이 달라요.'

에미가 설명을 한다. 밤 10시가 넘었는데도 대낮같이 밝은 발코니에서 오랜만에 보는 딸아이와 많은 이야기를 나눈다.

'아빠는 경원이랑 떨어져 있으니까 걱정이 많이 된다.'

녀석이 어이가 없다는 듯 천정을 한 번 쳐다보고 나서-.

'말도 안 되는 소리-. 우리가 아빠 걱정한다 뭐 … 지난번 차 사고 말야 … 엄마하고 얼마나 걱정했는지 알아? 오대산이었다구? 아빠가 사고 기념사진 찍어서 보내준 거 보니까 차 완전히 망가졌던데-. 술 마셨지?'

나는 아니라고 했다. 그런데도 믿지 않는다. 이번에는 내가 물었다.

'너 다섯 살 때 … 나 나중에 할머니 되고 나서 죽는 거 싫어 그랬잖아. 그래서 아빠가 그건 너의 문제니까 네가 알아서 해결하라고 했잖아. 해결했니?'

'몰라. 골치 아파서 나중에 어른되면 그때 생각하기로 했어.'

사흘째 되는 날. 중고차를 하나 샀다. 하늘색 볼보를 사려고 했는데, 경원이가 하늘색은 아빠랑 어울리지 않는다고 강력하게 주장해서 갈색의 독일제 오펠 웨곤을 샀다. 벵 이름으로 구입하고 보험을 들었다. 벵은 에미 그러니까 경원 엄마의 남편이다.

다음날, 이태리 베로나에서 아드리아노라는 녀석의 식구들이 왔다. 베로나는 〈로미오와 줄리엣〉의 배경이 된 작은 도시다. 고대 원형경기장에서의 오페라 축제도 유명하다. 승용차로 유럽을 관통하여 스웨덴 웁살라까지 오는데 이틀이 걸렸단다. 서울에서 북쪽으로 이틀을 달리면 어디까지 갈 수 있을까?

이튿날, 모두 노르웨이 북부 해안가로 자동차 여행을 떠났다. 비포장 산길을 한참 달리니까 멀리 식당이 보인다. 점심을 먹는데 여기는 노르웨이란다. 스웨덴 아를란다 공항에서 입국수속하려다가 길을 잘못 들어 밖으로 나온 것이 찜찜한데 노르웨이까지 불법입국 하다니-.

'스웨덴에는 입국수속이 없어. 유럽 사람들은 마음대로 국경을 넘나들어, 국경은 행정적 구분이야. 도로 중앙선이 노란 곳은 스웨덴이고 하야면 노르웨이야.'

북해에 면한 옛 도시 트론하임에서 하룻밤을 묵는다. 저녁을 먹고 대낮처럼 밝은 밤에 발코니에서 와인을 마신다. 에미는 경원이를 의사를 만들겠단다. 스웨덴에 있는 세계 최고의 의과대학에 넣고, 어려서부터 자기가 침술을 가르치고 그러면 나중에 양의학과 한의학을 조화시킨 화타(華陀) 같은 명의가-.

'의사가 되고 말고는 경원이가 결정할 일이지, 그걸 왜 당신이 결정해?'

경원이도 좋다고 그랬단다.

'그건 당신이 꼬셨기 때문이지-. 의사의 좋은 부분만 이야기하며 꼬시니깐 경원이가 좋다고 그랬지?'

말이 없다.

'이놈 지금 건강하게 자라고 있고 심성도 좋으니 당연히 훌륭한 사람이 될 텐데 … 녀석이 가진 씨앗이 튼튼하게 성장하도록 지켜보기만 해라. 방정 떨면 애 망가진다.'

경원이가 알아서 할 테지 … 새가 날고, 개구리가 물 좋아하듯 자기 성(性)에 따라 하고 싶은 것이 있겠지.

●

차를 몰고 스칸디나비아 산맥의
만년설을 오르다가 호숫가에 멈추었다. 머리 위에서 경쾌한 엔진소리가 들린다. 경비행기 한 대가 호수 가운데 내려앉는다. 비행기에서 긴 목도리를 걸고 한 손에 술병을 든 사나이가 비틀거리며 나와 보트를 타고 내가 서 있는 기슭으로 다가온다. 대단한 녀석이네, 음주 비행에 음주 보트라니.

페르귄트가 귀향한 것이다. 돈을 벌어서 아주 방탕한 모습으로-. 입센의 〈페르귄트〉(Peer Gynt)가 산속 호숫가에서 공연 중이다. 주인공 페르귄트는 18세기에 노르웨이에서 아랍까지 여행하고 돌아온 풍운아. 이 지방에 전해 내려오는 이야기의 실재인물 페데르 올센 하게(1732-1785)의 모험담을 극으로 꾸민 것이다. 페데르 올센 하게 그러니까 그는 우리 떠돌이 계의 대선배다. 그 선배를 기다리는 여인이 있었다. 작곡가 그리그의 〈솔베이지 송〉은 페르귄트를 기다리는 솔베이지가 부르는 노래다.

노르웨이 시골의 어느 주유소 가게. 100달러짜리 여행자수표를 내니 금발의 아가씨가 처음 보는 것이란다. 설명을 하니 고개를 끄덕인다. 기름을 넣고 몇 가지 잡화를 사고 거스름돈을 달라고 했다. 달러 시세를 모른단다. 얼마라고 일러주니 계산기를 두드려 노르웨이 크로네로 거슬러 준다. 이 작은 에피소드가 이 책에서 가장 중요한 부분이다. 왜 그럴까?

팍! 오색의 찬란한 별들이 밤하늘에서 휘황찬란한 광채를 내고 사라진다. 붉은 별, 푸른 별, 보라색, 주황색 … 무수히 많은 별들이 기하학적 무늬를 수놓는다. 은하수를 배경으로 환하게 피었다가 사라지는 별들-.
별꽃이 필 때마다 나는 탄성을 지른다. 나는 반바지에 러닝

셔츠 바람으로 땅바닥에 누워 그 경이로운 장면을 보고 있다. 팍! 오색의 별빛이 내 얼굴을 물들인다. 감당해 내기에는 그 아름다움이 너무나 크기 때문에 발을 동동 구른다. 별꽃이 필 때마다 나는 하늘을 손가락질하며 울음에 가까운 탄성을 지른다. 온몸은 흙먼지 범벅이다.

바바리코트에 중절모를 쓴 사람들이 고개를 숙이고 나를 내려다본다. 모두 무표정하다. 사람들은 내게 손가락질을 하며 서로의 얼굴을 마주 본다. 자신들과 다른 나의 모습과 행동이 이상한 모양이다. 그들의 등 뒤에서 축제가 벌어지고 있는데 그들은 모르고 있다. 빗방울 떨어지는 소리에 눈을 떴다. 날이 밝았다. 노르웨이의 산속이다. 시동을 건다. 나는 이 별들의 축제에 '별꽃놀이'(Starworks)라는 이름을 주었다.

피요르드식 해안, 가파른 절벽. 암석을 뚫어 놓은 터널에 들어섰다. 벽이나 천정을 시멘트나 타일로 내장하지 않고 돌을 깎은 채 그대로 두었다. 터널 속을 빠른 속도로 달린다. 어? 터널이 이상하다. 끝이 없다. 텅 빈 터널을 시속 120km로 질주하는데 아무리 달려도 터널이 끝나지 않는다. 시간이 정지한 4차원 세계에서 나 홀로 달리고 있는 건가? 그렇다면 영원히 이 터널 속을 빠져나갈 수 없다는 말인가? 지금 터널 밖 세상에서는 이미 오래전 경원이가 할머니가 되어 … 시속

140km … 이미 인류가 멸망하고 … 160km … 계속 달리는데 터널 끝이 보이지 않는다 … 한참 후, 정말 한참 후 … 긴 - 아주 긴--- 터널을 빠져나왔다. 다시 터널로 들어간다. 들어가자마자 핸들을 오른쪽으로 꺾고 가속 페달을 밟는다. 차는 우측으로 나사못 돌리듯 계속 올라간다. 뺑글 뺑글 뺑글 뺑글 … 몇 바퀴를 돌았을까? 터널 밖으로 나오니 저 아래 내가 들어온 구멍이 보인다. 다시 변속, 악셀을 밟는다.

무전기를 든 남자가 차를 세운다. 앞에 터널이 있는데 길이 좁아서 저쪽 차가 나온 후에야 갈 수 있단다. 남자가 내게 시동 끄라는 시늉을 한다. 저쪽 차가 나오려면 아직 멀었다는 건데-. 터널 입구에 물보라가 인다 … 비좁은 산길을 병사들을 실은 트럭이 올라간다. 전투에 투입되면 이들의 생사는 알 수 없다. 운명을 거역할 자 누구인가! 병사들은 말이 없다. 힘겹게 산길을 오르는 트럭, 한쪽은 천길 낭떠러지고 한쪽은 절벽으로 막혀있는 외길-. 맞은편에서 트럭이 내려온다. 부상병과 전사자를 실은 트럭이다. 길이 좁아 교행할 수 없다. 위에서는 지금 전투가 진행 중이다. 지금 이 순간에도 병사들은 죽어가고 있다. 빨리 증원군이 가야 한다. 맞은편 트럭에는 팔 다리가 끊어진 병사, 눈을 잃은 병사 … 피 흘리며 죽어가는 병사들로 가득 찼다. 어느 트럭이 우선일까? 당신이라면 어떻게 하겠는가? 실랑이 끝에 증원군을 실은 트럭이 후진한다. 무슨 영화인가? 어려서 누군가에게 들은 영화의 장면이다. 살면서 이런 선택을 해야 하는 경우가 생긴다면 … 관광버스 한 대가 나온다. 무전기 남자가 가라고 손짓한다. 입구의 물보라를 헤치고 들어간 터널은 천정, 오른쪽, 바닥은 깎은 암석이고 왼쪽은 폭포다.

●

스웨덴 말뫼에서 독일 로스톡으로 가는 유람선에 차를 싣는다. 배로 들어가는 차량의 행렬이 끝이 없다. 주어진 순서에 따라 배의 뱃속으로 들어가니 배 밑창의 넓은 주차장에는 이미 각양각색의 차들로 가득 차 있다. 노랑머리 젊은 친구가 유도하는 대로 앞차에 바짝 대니 뒤차가 내 범퍼에 닿을 정도로 가까이 댄다.

차에서 내려 엘리베이터를 탔다. 벽에 붙어있는 배의 안내도를 보니 배는 9층으로 되어있고 극장, 수영장, 사우나, 농구장 등이 있다. 스키장은 없다. 갑판으로 올랐다. 갑판에는 각국에서 모인 다양한 피부색을 가진 사람들로 북적인다.

어슬렁거리며 배 안을 배회하는데 커다란 슈퍼마켓이 있다. 국경을 통과하는 배이기에 면세로 물품을 판매한다. 백화

점 식품 코너보다 큰 슈퍼마켓을 구경하다가 멈칫! 커다란 보드카가 눈에 들어온다. 어린아이 덩치만큼 커다란 병에 수도꼭지가 달려 있다. 순간, 이것 한 병이면 이번 여행 내내 마시고도 남겠다는 생각이 스친다. 손으로 들으려니 너무 크다. 그래서 경원이를 안듯 꼭 껴안고 냉장식품 코너로 가서 올리브와 훈제연어를 집어 들었다.

갑판으로 올랐다. 뱃전에 부딪고 뒤로 사라지는 포말, 밝게 타는 태양, 멀리 보이는 수평선-. 관광객들로 붐비는 갑판 한 구석에 가부좌를 틀고 앉아 깊게 심호흡을 하고 숨을 골랐다. 수도꼭지를 눌러 커다란 잔에 보드카를 채웠다. 태양을 향해 잔을 높이 들고 눈을 감았다.

이번 여행은 어떤 모습일까? 어떤 사건이 기다리고 있을까? 삶이라는 강을 따라 여기까지 왔지만 이제부터 펼쳐질 미래는 어떤 모습일까? 나는 미래를 위해 건배, 아니 예배를 드렸다. 그리고 태양을 향해 들었던 잔을 입으로 옮기고 목을 뒤로 젖혔다.

바닷바람, 술기운, 엔진소리가 묘한 조화를 이룬다. 나는 지속적으로 수도꼭지를 눌렀고 항상 그러하듯 대취(大醉)했다. 갈매기 소리가 묘한 느낌으로 다가와 선험적 기억을 일깨운다. 갑판에 누워 작열하는 북구의 태양을 응시한다. 나는 히죽히죽 웃으며 역시 술은 내 인생의 반려액이라는 결론을 내리려는 순간, 목적지에 도착할 것이라는 방송이 나온다. 이상하다? 포항에서 울릉도 가는데 일곱 시간이 걸렸는데-. 지도에서 보니 그보다 훨씬 먼 것 같았는데 … 최소한 열 시간 이상 가야 맞는데 … 어라! 정말로 다 왔네.

선원들의 움직임이 부산해지며 승객들도 하나 둘씩 갑판에서 사라지기 시작한다. 큰일 났다. 내 차를 빼야 다른 차들도 빠질 텐데-. 술병 구경만 해도 운전대를 잡지 않는 성격에 고민이 생겼다. 그렇다고 배에 차를 실은 사람들 모두를 술 깰 때까지 기다리게 할 수는 없지 않은가.

엘리베이터를 타고 주차장으로 내려가 시동을 걸고 앞차가 하는 대로 서서히 차를 몰고 육지로 나왔다. 너무 취해 눈의 핀트가 맞지 않는다. 세상이 두서너 개로 보인다. 한쪽 눈을 감으니 비로소 하나로 보이긴 하는데 각도가 좀 기울어 있다. 그래서 두 눈을 바꿔 떠가며 핸들을 돌렸다. 배에서 이어지는 육로는 바로 아우토반으로 연결되어 있었다.

아우토반은 속도 무제한의 고속도로다. 나는 시속 100, 120, 140, 160km로 속도를 높였다. 질주하는 차량들의 분위기가 달리지 않을 수 없도록 만든다. 뒤에서 전조등을 번쩍인다. 깜빡이를 켜고 비켜주면 쌩! 하고 사라진다. 보통 200에서 220km 정도로 달린다. 무심코 백미러를 보는 순간, 오! 아부지. 술이 확! 깬다. 경찰 사이카가 따라붙은 것이다. 어쩜

좋냐! 에라 모르겠다. 속도 무제한이라는데-. 어떤 놈은 음주 비행도 하드만 … 나는 가속페달을 끝까지 밟았다. 그러나 사이카는 똑같은 거리를 유지하며 따라온다. 그렇게 30여 분을 달렸을까? 백미러를 보니 사이카가 멋진 반원을 그리며 아우토반을 벗어난다. 결국 로스톡에서 함부르크까지 달렸다. 풍요롭고 로맨틱해야 할 나의 미래는 이렇게 만취상태로 타국을 질주하는 것으로 열리고 있었다. 비공식 기록에 의하면 독일이 생긴 이래 국경을 넘어온 외국인 중 혈중 알콜농도가 가장 높은 사람으로 수도꼭지로 보드카를 마신 동양 남자를 꼽는다고 한다.

●

인도에서는 담벼락에 그려 놓은 卍을 심심치 않게 볼 수 있다. 여인들은 손바닥에 그려 넣기도 한다. 이 마크를 '스와스티커'라고 한다. 이는 '평안함'을 의미하는 산스크리트어 '스바스티커'에서 유래했다. 돌고 도는 천지만물의 조화와 영원성을 상징하는 스와스티커는 티벳에서 인도로 전래된 것이다. 그러니까 지구별의 가장 높은 곳 히말라야가 인간 세상에 내려준 표식이다. 卍은 절집이나 철학원(점보는 집)의 마크로 우리 주위에서 흔히 본다. 이 마크를 히

틀러의 나치는 45도 기울여 사용했다.

  초기 기독교인들은 당국의 박해와 감시를 피해 카타콤(지하 공동묘지)에 숨어서 예배를 보았다. 로마 교외의 습기 차고 으스스한 분위기의 카타콤이 지금은 관광지가 되었다. 카타콤의 구석진 곳에 물고기와 스와스티커(卍)가 그려져 있다. 그리스도교 성지에 스와스티커라니 … 하 수상하다. 우리 지도에서 절이 있는 곳을 표시하는 스와스티커가 기독교도 마크인 물고기 마크와 같이 있다니 … 안내하는 이태리 신부님께 물었다. '아! 그거요? 초기 기독교 마크에요'라고 하신다. 헐! 우리나라의 불교 마크가 이태리에서는 기독교 마크라니-.

  로마 근교 아스티아에 갔다. 기원 1세기경 주거지가 폐허가 된 곳으로 당시의 건축구조나 생활양식을 볼 수 있는 곳이다. 그곳 한 가옥의 마당에 타일 모자이크로 물고기와 스와스티커가 새겨져 있다. 안내인에게 물었다. '아! 그거요. 초기 기독교 마크에요.'라고 일러준다.

  케냐 나이로비 엄마집, 묵은 잡지를 뒤적이는데, 사막에 세워진 오래된 교회의 흑백사진이 있다. '1세기에 세워진 그리스도 교회, 에티오피아'라는 설명이 붙어있다. 맙소사! 창을 장식한 무늬가 스와스티커였다. 실내에서 보는 실루엣은 십자가로 보일 것이다.

인도의 벽화, 절, 철학원, 나치기(하켄크로이츠) 그리고 기독교를 관통하는 무언가가 스와스티커 안에 숨어있는 것이 아닐까. 유대교, 그리스도교(가톨릭 정교회 개신교), 이슬람교가 구약성서를 같이 쓰는 그룹이니 한 덩어리로 보고, 힌두교와 불교를 다른 하나의 그룹으로 보고, 우리 무속 등을 따로 구분하고 … 라엘리안(외계인 '엘로힘'이 지구의 모든 생명체를 창조했다고 신앙하는 단체)도 스와스티커를 변형시켜 마크로 쓰고 있다. 나치는 소멸했으니 예외로 치자. 여기서 연결고리를 유추하면 '모든 종교는 스와스티커(卍)로 연결 혹은 귀결된다'는 해석도 가능하지 않을까. 어쩌면 십자가는 스와스티커의 변형일지도 모른다. 알 수 없는 일이다. 스와스티커가 돌고 도는 천지만물의 조화와 영원성을 상징하는 것이니 틀린 해석이 아닐 수도 있다.

참! 예수님께서 요한에게 세례를 받은 요단강변에 교회가 있는데, 그 교회의 천정화 속 예수님이 부처님처럼 수인(手印 Mudra)을 하고 있다. 아미타불의 아홉 가지 수인 가운데 중품하생인(中品下生印)이다. 머리 뒤에는 광배가 있다. 기독교를 잉태한 메소포타미아 문명에서 찾을 수 있는 인더스 문명의 흔적이 아닐까? 그리스도교와 힌두교의 상관관계를 연구하는 것도 재미있겠다. 종교사학자들에게 연구를 권해 본다.

요단강 변 세례요한 교회 천정화 ⓒ정창관

 여행을 다니면서 보게 되는 거대한 유적들. 도올 김용옥 선생은 '힘 있는 자들이 기득권 유지를 위해 아래 것들 기죽이는 수단'이라고 했다. 물론 그 위용과 건축미를 부정하는 것은 아니다. 그것이 인간 노력의 산물이며, 미학에 충실한 건축물인 것을 모르는 바는 아니다. 그런데 우리네 삶에 왜 거대한 건축물이 필요할까? 침대와 부엌, 자그만 책상만 있으면 되는 것 아닌가. 하나 정도 더 한다면 돋보기 정도-.
 역사는 증명한다. 전쟁은 비즈니스다. 권력자들은 이권을 위해 전쟁을 일으킨다. 명분을 만들어 백성들을 사지에 밀어 넣는다. 임란 당시 조선을 침략한 일본 수군과 그 어머니들에게 진정한 적은 누구일까? 조국을 지키겠다고 나온 조선의 의병들일까? 그들의 적은 그들을 사지에 밀어 넣은 권력자들이다. 이순신 장군은 현실에 나타난 전투의 대상일 뿐이다. 베트남 전쟁에서 민간인을 학살하던 미군에게 진정한 적은 워싱톤에 있었던 것과 같은 맥락이다. 베트남 전쟁에서 미국이 패한 것은 인류 역사의 커다란 진보를 의미한다. 자본에 대해 양심을 외친 미국 젊은이들의 승리였기 때문.

역사를 보는 양심은 어디로 갔는가? 후대에 이르러 관광자원뿐인 것을 교육은 아름답다고 가르치니 … 디오게네스가 알렉산더를 조롱한 것에서 겨우 양심의 흔적이 남아있을 뿐이다. 울고 싶다.

비엔나 중앙묘지 … 모차르트의 기념비(모차르트는 유해를 찾지 못해 무덤은 없고 기념비만 있다)와 베토벤, 슈베르트, 브람스의 무덤 -. 음악을 신앙하는 내게는 이 공동묘지가 성지다. 이번 여행의 목적지이기도 하다. 너무나도 친근한 그들이 정적(靜寂)이 되어 나를 맞는다. 베토벤 앞에 섰다.

'당신은 무슨 일로 내 안에서 그토록 손짓을 하신 것입니까 … 내게 궁극의 정적이 찾아 들 때 당신의 교향곡 9번 3악장과 함께 맞이해도 되겠습니까? 너울너울 느긋하고 여유 있게 구름 저편 언덕 너머로-.'

거대한 묘역에 묻힌 선인들 … 이 근처 어딘가에 프로이트와 쉴러도 묻혀있다던데 … 그들의 비석 옆에 있는 부조들이 하나같이 관능적인 여인의 모습이다. 반라(半裸)에 가슴이 큰-. 관능미를 강조하느라고 유방과 허벅지를 과장했다. 인간이 쉴 곳은 결국 관능이란 말인가?

●

이제 막 무너지기 시작한 이념의 장벽

베를린에서 무너진 장벽을 보았다. 독일은 전범국이라 분단되었지만 우리는 강대국의 이해관계로 분단되었다. 하늘을 원망해도 어쩔 수 없다. 우리가 약해서 벌어진 일-. 이제 막 통일된 독일에서 풀어야 할 문제는 1961년 베를린 장벽 이후 30년 동안에 생긴 괴리 … 그러니까 이질감이라고 한다. 우리는 이질감을 넘어 서로를 향한 분노를 안고 있으니 이를 어찌 한단 말인가. 우리 민족이 게르만보다 머리가 나쁜가? 나는 음악인으로서 노래를 통한 이질감 해소 즉 민족의 동질감을 회복하는 일을 해야겠다고 생각했다. 1945년 해방 이전의 노래는 간첩도 알고 있다.

베를린 주택가. 공중전화 박스에서 전화를 거는데 언덕에서 걸어 내려오던 여학생이 나를 보고 웃을까 말까 망설인다. 내 고무신이 반가운 것이다. 내가 소리쳤다. '뭘 봐!' 여학생이 웃는다. '남이냐? 북이냐?' 여학생이 수줍게 답한다. '아버님 따라 왔어요. 아버님이 외교관이에요.' 서울 말씨다.

공산권은 어떤 모습일까? 두려움과 호기심을 안고 체코슬로바키아로 들어섰다. 민박을 한다. 단아한 2층 벽돌집, 아프리카에서 본 줄리 아줌마처럼 포근한 주인집 아낙네가 반긴다. 낡은 하늘색 승용차를 타고 일찍 퇴근한 주인집 남자가 수도에 호스를 연결하여 꽃밭에 물을 준다. 영어 한마디 못하는 남자와 거실에서 눈으로 대화하며 와인을 마신다. 목재로 마감한 아늑한 다락방에서 잔다. 이튿날 아침, 주인아줌마와 함께 우유, 당근 쥬스, 계란, 치즈, 야채, 스프, 버터 바른 빵을 먹고 커피를 마셨다. 아저씨는 출근했단다. 약속한 달러 몇 장을 테이블 위에 놓았다. 아줌마가 냉장고에 자석으로 붙이며 행복한 미소를 짓는다. 막내 가방 사줄 것이라며 가면서 먹으라고 남은 음식을 싸준다. 커피와 물도-.

프라하에서 폴란드 쪽으로 뻗은 한가한 고속도로 … 빗방울이 떨어지다 멈추었다. 넓은 초원을 바라보고 오줌을 눈다. 무지개를 배경으로 참새 떼가 군무를 추고 있다. 공산주의는 인류의 역사 철학 과학 행복을 퇴행시키려는 집단이라고 배웠는데 자본주의의 화려함과는 다른 이들의 단아한 안정감은 무엇일까? 이들은 약삭빠르지 않고 순박하다. 과유불급(過猶不及)이라고 했다. 인도에서 구걸이라도 해서 먹고 살라고 부모가 자식을 병신으로 만드는 수퍼 가난(super poor)을 목격하지 않았던가. 수퍼 리치(super rich 상상을 초월하는 부자)가 있다는 소리도 들었다. 미국에서 잉여농산물을 폐기하는 데 드는 비용이면 전 세계의 굶주리는 이들을 먹이고도 남는다는데-.

약간의 빗방울이 떨어지고 구름 사이로 햇빛이 내려온다. 지금까지 부모님, 교수님, 목사님, 경전, 정부, 광고가 삶의 방향을 제시했는데 … 무지개 앞의 참새 떼가 일사불란하게 방향을 튼다. 바지 지퍼를 올리며 다짐한다. 이제부터는 내 삶에 주어진 것을 나 스스로 판단하리라. 상애상리(相愛相利), 서로 돕고 사는 것이 하늘의 뜻이라 했다. 이념, 제도, 관습, 애국, 순교 이런 것도 경계의 대상이다. 천박한 자기중심주의의 덫도 피해가야 한다.

스웨덴에 도착했다. 날씨가 제법 쌀쌀해졌다. 문을 두드렸다. 예상대로 낯선 남자가 반긴다. 가족들은 벵의 새로운 임지인 베트남으로 갔다. 남자가 봉투를 건넨다. 공항으로 가는 방편이 적혀있는 편지와 약간의 달러가 들었다. 이 집에서 6개월 동안 살기로 했다는 남자에게 자동차 키와 편지를 건넸다. 편지에는 차를 팔아 벵에게 양주 한 병 사주고 경원이 학비에 보태쓰라고 썼다. 인도를 거쳐 귀국했다. 베트남에서 돌아왔다는 에미의 편지를 받았다. 차를 팔지 않고 벵이 타기로 했단다. 인도를 거쳐 다시 스웨덴으로 갔다. 베란다에서 벵과 와인을 마신다. 참! 에미는 아범, 어멈과 같은 우리말인 어미가 모음동화 된 것. 에밀리아 같은 외래 이름이 아니다.

●

스웨덴 웁살라에서 초저녁 기차를 타고

남쪽으로 가다가 스웨덴 중앙역에서 밤기차를 타고 남쪽으로 가다가 독일에서 맥주를 마시고 밤기차를 타고 남쪽으로 가다가 프랑스에서 와인을 마시고 밤기차를 타고 남쪽으로 가다가 스페인 국경에서 맨정신으로 초저녁 기차를 탔는데 사람들이 무지하게 많다. 지금까지 얼큰하게 누워서 잠을 자며 왔는데 8인승 칸에 열 명 이상 싣는다. 통로에 앉은 이들도 있다. 여권 검사도 까다롭다. 이래서 나폴레옹이 피레네산맥을 넘으면 유럽이 아니라고 한 모양이다. 기차는 떠날 줄 모른다. 이 붐비는 인파 속에 수많은 한국의 배낭족들이 보인다. 한 녀석이 배낭을 등과 배, 양쪽에 메고, 카메라 두 개를 목에 걸고 있다.

'넌 왜 배낭을 두 개씩 메고 이 고생이냐? 날씨도 더운데-.'

대학생인 듯한 녀석에게 물었다.

'이건 뭐구, 저건 뭐구, 이건 카메라, 이건 … 저는 미술을 전공하는 대학원생이에요. 미술관에 가면 사진을 안 찍을 수 없잖아요.'

자기 고생에 대한 당위성을 자랑한다. 멍청한 녀석, 허정한 눈으로 보고 마음에 새기면 되거늘 … 그것이 어렵다면 미술관 입구에서 화보집 한 권 사서 발송하고 맨손으로 다니면 되는데-. 녀석은 이 짧은 대화 중에도 계속 창밖을 내다보며 아이, '왜 안가지?, 왜 안가지?' 안달이다. 녀석이 지쳤는지 배낭에 파묻혀 졸기 시작하니 기차가 움직인다.

명랑한 한국의 젊은이들과 어울려 스페인 남단의 카르타헤나로 간다. 지중해의 맑은 물에 몸을 담근다. 바다 건너가 아프리카라 했다. 고운 모래사장에서 웃음꽃을 피운다. 시장에서 사온 각종 해물과 고기에 와인, 맥주, 수박 … 잘 먹고 지중해의 바닷물 속에서 놀다 나오니 어? 우리가 깔고 있던 돗자리가 없어졌다. 아! 저쪽에 있는 본토 건달들이 깔고 있네

… 범석이와 국선이가 찾으러 갔다. 멀리서 보니 건달들이 쉽게 내놓지 않는 눈치다. 스페인은 말이 잘 통하지 않는 나라라는데 … 순간, 빠박! 돗자리를 걷어온다. 스페인 건달 여섯 명을 우리 학생 두 명이-.

'얘들아, 남의 동네에서 사람을 패면 되냐?'
'이 스키들이 자기 돗자리라구 그러잖아요.'

짜라호타에서 기차를 타고 프랑스로 향한다. 산으로 올라가는 기차 … 역마다 사람들이 내리더니 나 혼자만 남았다. 기차는 계속 산으로 오른다. 승무원이 다가와 어디로 가냐고 묻는다. 깐플랑! 이라고 대답했다. 기차는 계속 산으로 오른다. 멋진 암벽이 눈앞으로 다가온다. 힘겹게 산을 오르는 기차 … 승무원이 와서 재차 어디로 가냐고 묻는다. 나는 다시 깐플랑이라고 했다. 지도에 나온 스페인의 마지막 역이다. 나는 여기서 하룻밤을 자고 내일 프랑스로 넘어갈 예정이다. 머리를 갸우뚱하며 돌아서는 승무원. 아마 내가 없으면 중간에서 돌아가려는지-. 기차는 주춤! 기어 변속을 하고는 다시 힘겹게 산을 오른다. 수많은 터널을 지나 깐플랑에 도착했는데 … 앗!

역이 텅 비어있다. 온통 먼지투성이다. 매표소는 판자를 엑스자로 대고 못질을 했다. 역을 중심으로 형성되었던 상가도 모두 비어있다. 도로에는 잡초가 무성하고 프랑스 쪽으로 연결된 철로에는 나보다도 키가 큰 잡초가 무성하다. 돌아보니 나를 내려놓은 기차는 저만치 사라지고 있다. 유레일 지도에는 분명, 스페인 깐플랑에서 프랑스 뽀까지 선로가 연결되어 있는데 … 주위를 둘러봐도 아무도 보이지 않는 유령마을이다. 저만치 철길 위 구릉에 하얀 십자가들이 박혀있다. 오래된 공동묘지다. 드라큘라 촬영소 같은 분위기-. 어슬렁 고양이 한 마리가 도로를 건넌다. 어쩐다? 아직 해가 중천에 있다. 할 수 없다. 피레네 산맥을 걸어서 넘는다. 잘 포장된 산길, 터덜터덜 … 꼬불꼬불 … 세월아 네월아 … 바람을 타고 날아오는 건너편 산자락 목장의 소방울 소리 … 딸랑딸랑 … 해가 앞에 가로막힌 산 뒤로 숨는다. 맑은 공기 … 여섯 시간을 걸었다. 피레네산맥 정상, 칸단추라는 곳. 눈 없는 스키장에 더위를 피해온 사람들이 북적인다. 슈퍼마켓도 있다.

국경초소에 프랑스 삼색기가 걸려있다. 세관원이 여권을 세밀히 본다. 업무에 충실한 것이 아니라 무료해서 그런 것이다.

'웬일로 국경을 걸어서 넘냐?'
'지도에 철길이 있어서 왔는데 기차가 다니지 않네.'
'스페인과 말썽이 많아서 한 20년 전부터 다니지 않는다'
'그럼 지도에서 지워야지.'

'기차는 다니지 않지만 철길은 있잖아. 근데 너는 직업이 뭐냐?'

시모노세키 가는 배에서 만났던 캐나다 녀석 생각이 난다. 자신의 직업을 '커런트'(current)라고 하던 놈, 우리말로 '흐르는 자' 정도가 될까? … 나는 이 책 시작에 등장하는 녀석을 생각하며 '커런트'라고 했다. 세관원이 커런트가 뭐냐고 묻는다. 나는 '건달'(a man without money)이라고 했다.

'좋겠다. 나도 너처럼 자유롭고 싶다.'

기분 좋게 입국 도장을 찍어준다. 유럽국경에서 입국 도장이라니-. 호의를 베푸는 척하는 것이다. 역까지 15킬로 남았단다. 걸으면 네 시간이나 여섯 시간 걸린단다. 초소 옆 펠리칸이 그려있는 식당에서 야채, 새우, 굴과 카레를 넣은 볶음밥과 맥주를 먹고 나니 어둠이 내린다. 식당의 여주인에게 숙소를 물으니 열쇠 꾸러미를 내어준다. 5분쯤 내려가면 산장이 있는데 그곳에서 묵으란다.

아무도 없는 산장-. 이튿날 국경을 넘어 스페인 칸단추의 슈퍼마켓에서 식량과 술을 샀다. 세관원에게 아이스크림을 건네고 숙소로 돌아와 주위에서 땔나무를 한다.

프랑스 쪽에서 먹구름이 몰려온다. 먹구름 앞머리와 위는 흰 구름이다. 먹구름 아래는 비가 내리겠지 … 빠른 속도로 움직이는 구름을 제비 몇 마리가 희롱하고 있다. 녀석들은 구름으로 들어갔다가 나왔다가 신이 났다. 한 마리가 솟구치더니 급히 하강, 구름 속으로 사라진다. 한 놈은 흰 구름에서 먹구름으로 숨었다가 구름 머리 위에서 나타난다. 한 녀석은 진행 방향으로 먼저 날아가다가 유턴, 구름을 들이받는 척하다가 갑자기 수직상승 한다. 이 녀석은 구름에 최대한 가까이 가면서도 결코 몸을 섞지 않는다. 구름은 계속 형태를 바꾸며 그들을 쫓는다. '하이고! 좋아 죽겠네' 하늘에서 지지배배 노랫소리가 들린다. 이들은 구름과 유희하며 피레네 산 너머 스페인으로 간다.

　어둠이 내리자 벽난로에 불을 지피고 와인을 땄다. 멋진 식사와 향기로운 와인 … 춤추는 불꽃을 응시한다. 빛과 따스함, 깊은 안식-. 사흘을 그곳에서 머물렀다.

　마지막 날 밤, 희끄무레한 빛인지 어둠인지 … 안개가 흐르는 강 위를 하얀 스웨터의 해맑은 소녀가 반달 같은 배를 타고 온다. 혹시 경원이가 아닐까? 아서라! 소녀는 금발이다. 머리에는 여왕의 관을 썼고 손에는 어린이들에게 뿌리면 하늘을 날 수 있는 피터 팬의 막대가 들려 있다. 소녀는 웃으면서 내게 금가루 은가루를 뿌린다. 금가루는 환상의 가루이고 은가루는 그리움의 가루라고 했다. 소녀가 날아올랐다. 나도 날아올랐다. 집들이 조그맣게 보이고 사람들이 작게 보인다. 나는 저 아래 경원이가 있지 않나 살펴보았다.

●

프랑스 작은 마을 뽀의 간이역

화단 옆 벤치에 앉았다. 기차가 들어오기도 하고 나가기도 한다. 아무 기차나 탈 수 있지만, 아무 기차도 타지 않을 수 있다. 화단의 코스모스처럼 벤치에 앉아 있는데, 역무원이 왜 기차를 타지 않느냐고 묻는다. 마음에 드는 기차가 오면 타겠다고 했다. 집을 나온 톨스토이가 역에 홀로 앉아 있다가 죽었다던가 … 황혼속에 초승달이 나타났다. 역무원이 퇴근한다고 인사하고 갔다. 초승달이 진 하늘이 어둡다. 어둠 속에서 기차가 들어오기도 하고 나가기도 한다. 이 모든 상황을 지켜본다 … 여덟 시간을 벤치에 앉아 있었다. 삶이란 이것, 지금 내가 바라보고 있는 이것, 내 앞에 펼쳐져 있는 이것이다.

무심한 바람결에 흰 구름이 흘러간다

삶은 죽음으로써 완전해지는가
하나의 서클이 완성되었다

인도에는 세계 각지의 떠돌이들이 몰려든다

영어를 공용어로 사용하기에 접근성이 좋은 것도 이유가 된다. 동양 정신을 동경하는 서양인들이 많다. 히말라야 네팔에서 내려오거나 티베트에서 망명온 이들, 소련이 해체되며 독립한 나라에서 온 사람들 그리고 일본 사람들-. 대부분 가난한 예술가들이다. 나는 이들과의 만남이 좋아 자주 인도를 들락거렸다. 이러한 연줄로 세계 어디든 묵을 곳이 있었다. 그 여행 혹은 방랑의 초점은 말할 것도 없이 음악이다. 어느 특정한 힘에 의해 조작된 뇌가 아닌, 스스로의 뇌로 음악을 보고자 함이었다. 초등학교 교과서에 나오는 … 그러니까 선생님은 잘 모르고 교무주임 선생님은 더욱 모르고 교장선생님은 '그게 뭔데?' 하시던 슈베르트의 〈미완성교향곡〉이 아닌 진짜 음악 말이다.

열 번 이상 인도를 들락거렸다. 푸나는 나의 베이스캠프가 되었다. 서너 번째 방문까지 호텔에 묵었지만, 이후에는 아파트 월세를 살았다.

강변아파트 5층 방. 동쪽 창 앞에서 까마귀가 운다. 가까이 우는 까마귀 울음소리에는 야릇한 느낌이 배어있다. 언어로는 도달할 수 없는 느낌 … 까마귀 울음소리만의 느낌-.

강으로 난 창에서 밖을 내다본다. 물소 떼가 강을 건넌다. 수면 위의 커다란 뿔과 머리, 등줄기의 곡선 … 새카맣게 햇볕에 그을린 어린 목동이 물소 등에 붙어있다.

물 위에 있던 오리 네 마리가 갑자기 달리기 시작한다. 강물 위에 네 개의 파문이 생긴다. 순간, 뚝! 수면에 물오리 그림자가 비친다. 실상과 수면 위의 허상이 대칭을 이루며 벌어지다가 물 위의 그림자는 사라지고 하늘의 실상은 작은 점이 되어 멀어진다. 아쉬움이 남은 허공-. 스피드감 있는 짧은 콘서트가 끝났다.

독수리들이 바람을 타고 빙글빙글 원을 그리며 하늘 높이 올라간다. 독수리들이 동쪽으로 이동하는 것으로 보아 고공에는 서풍이 부는 모양이다. 독수리들이 끊임없이 나타나 원을 그리며 동쪽으로 사라진다. 갑자기 독수리 한 마리가 바람을 가르며 내려온다. 독수리는 자신의 모습을 강물에 비추고는 다시 오른다.

오랜만에 만난 하쉬 바르티, 아니 하칠복이 묻는다.
'어때 아프리카 여행은 즐거웠나?'
'응 … 그저-. 여행이란 것이 그렇지 뭐.'

힌두교 승려 하쉬 바르티 ©김진묵

'아프리카 여인들은 어때? 아름답던가?'
'물론이지, 여인들이야 어디든 아름답잖아.'
'그렇겠지, 어머니들인데-.'

밤길을 간다. 가로등이 켜있고 식료품점과 옷가게를 비롯한 가게가 있는 평범한 도로 … 가로수 밑을 지나는데 새들이 지저귄다. 새들이 지저귀는 대로 머릿속에서 밝은 빛이 튄다. 한밤중에 새들이 지저귀다니-. 발길을 멈추고 고개를 들어 나무를 본다. 무성한 나뭇잎 속에서 새들의 노래가 들린다. 이건 논리에 맞지 않는다. 새들은 해가 기울기 시작하면 둥지에 드는데 … '원래 이 나무는 밤이면 새들이 지저귄단다' 하쉬 바르티가 일러준다. '이 나무만 그러냐?' '응. 그래서 이 나무는 이 동네에서 유명해' … 세상에는 이상한 일도 많다.

●

보름달이 떴다. 세계 각국에서 온 산야신(sannyasin 오쇼 라즈니쉬 제자. 산스크리트어로 구도자 혹은 세상을 주유하는 승려라는 뜻)들은 보름달이 뜨면 파티를 한다. 지구 에너지가 고조된 상태라고 한다. 강변 화장터에 몰려 밤이 새는 줄 모른다. 몇 명이 어울려 불을 지피며 기타, 북, 아코디온을 연주한다. 반수리(인도 대나무 피리)와 디제리두(호주 원주민들의 부는 악기)가 이에 합세하고 몇몇은 노래를 한다. 그들을 중심으로 춤을 추는 사람들 … 태극권 전문이라는 안경 쓴 이스라엘 녀석도 보이고, 이란에서 왔다는 녀석은 목에 동그란 북을 걸고 오토바이를 타고 나타났다. 녀석이 오토바이에 앉아 양발을 땅에 딛고 목에 건 북(다르부카)을 두드리니 갑자기 분위기가 고조된다. 멀리 달빛 속을 지나던 한 쌍의 남녀도 축제에 가담한다. 보름달이 높이 떴다. 셔츠가 흠뻑 젖을 정도로 춤을 추고 파티장을 빠져나와 밤길을 걷는다.

고급 주택가의 한적한 포장도로, 흐린 가로등 밑. 일 미터 쯤 되는 커다란 뱀이 죽어있다. 끼이익! 맞은편에서 오던 오토바이가 죽은 뱀을 치었다. 청년 둘이 탄 오토바이다. 오토바이를 몰던 이가 뒷바퀴로 뱀의 머리 부분을 몇 번 왔다 갔다 하더니 허리 숙여 죽은 뱀을 집어 나무 밑으로 던진다. 뒷좌석 청년은 말없이 지켜보고 있다. 뱀의 주검을 보는 표정 없는 얼굴 … 나와 눈길이 마주쳤다. 검은 얼굴의 흰 눈자위가 고요한 느낌을 준다. 오토바이는 매연을 뿜으며 흐린 가로등 밑으로 사라진다. 다시 밤길을 걷는다. 비둘기 한 마리가 피를 흘리고 죽어있다. 두 손으로 한적한 나무 밑으로 옮겨 놓는다. 손끝에 차가운 느낌이 전해진다.

●

삶이라는 축제에서 유머로 함께 한 친구

그가 육체를 떠났다. 함께 삶을 즐겼던 친구들이 축제로 안녕을 고한다. 소풍에 불을 붙인다. 신성한 소풍이 불꽃이 되어 사라지면 남기고 간 육체도 사라진다. 죽음은 아름다운 삶을 산 이에게는 축복이다. 삶이 아름다움이듯 죽음 또한 아름다운 것.

춤추는 사람들 사이로 꽃으로 장식한 가마를 타고 나타나는 주인공. 상승되는 음악과 춤 … 한바탕 춤이 끝나고 모두 눈 감고 명상 속으로 빠져든다. 고인과 가까웠던 이들은 한 줌씩 붉은 꽃잎을 뿌려 아쉬운 작별을 고한다. 흩날리는 꽃잎 속에 누워 죽음 삼매에 들어 침묵을 지키고 있는 회색 수염의 사내-.

북, 탬버린, 피리, 색소폰 등 각종 악기를 들고나온 친구들이 꽃가마 앞에 서고 그 주위를 둘러싼 인파가 춤을 추며 서서히 화장터로 흐른다. 지나가던 이들도 이 축제에 가담한다. 시끌시끌 요란한 장례행렬이 강변 화장터에 도착했다. 이미 한바탕 춤으로 대기하고 있던 인파와 합세해 분위기가 고조된다. 두둥둥둥!

정성껏 쌓아놓은 마른 소똥과 장작, 그 위로 침묵하고 있는 시신이 조심스레 뉘어진다. 정신없이 춤 속으로 빠져든 이들이 있는가 하면 호기심 어린 눈망울로 바라보는 사람들도 있다. 누군가 성냥불을 그어댄다. 이야호! 불꽃이 타오르자 축제가 고조된다. 모두 땀을 뻘뻘 흘리며 춤 속으로 녹아든다. 화려한 불의 꽃이 침묵 속에 누워있는 사나이를 감싸 안고 하늘을 향해 오른다. 뜨거운 열기가 전해진다. 퍽! 불 속에서 무엇인가 터진다. 춤이 고조된다. 거세게 타오르는 불꽃 … 정성스레 불을 지피는 이들 … 춤추는 사람들-.

누군가 낮은 목소리로 우-! 소리를 낸다. 음악과 춤이 잦아든다. 모두 눈을 감고 고개를 숙이더니 양손을 포개어 단전에 대고 우- 소리를 낸다. 우- 우-우우우- … 타고 있는 불을 중심으로 경건한 파장을 지닌 에너지장이 형성된다. 서서히 증폭되는 소리의 돔 … 미묘한 떨림을 가진 거대한 돔이 생겼다. 그 신성한 바이브레이션 속에서 주인공은 우주로 녹아들기 시작했다. 우우- 우 … 그는 사라지고 있었다. 우우- … 잠시 후, 그는 사라졌다. 서서히 작아지는 소리의 돔 … 순간, 두둥 둥둥! 이야호! 다시 춤판이다.

파티는 정성스레 불을 지피며 이어진다. 밤이 깊어지며 한두 사람씩 귀가하고 새벽이 되어 파티는 끝났다. 어둠과 정적 속에 몇 사람만이 사위어 가는 불꽃을 응시하고 있다. 온기가 남은 불가에서 연인들이 부둥켜안고 사랑을 속삭이고 있다.

그의 사라짐 … 그 사라짐 속에는 많은 아우성과 독백이 들어있다. 그 사라짐 속에는 많은 시간도 녹아있다. 욕망과 기억, 분노와 열정 … 모든 것이 우주 속으로 녹아들었다. 흔적도 없이 사라지는 그에게서 처음으로 완전한 인간의 모습을 보았다. 생명은 죽음으로써 완전해지는가 … 하나의 서클이 완성되었다.

어둠이 걷히고 밝아온다. 해가 떠올랐다. 그의 사라짐은 완벽했다. 어젯밤 파티의 주인공이던 그의 흔적은 찾을 수 없다. 멀리 강변 개구쟁이들 소리가 들린다. 무심한 바람결에 흰 구름이 흘러간다.

●

깜깜한 어둠이었어요

'아무리 눈을 뜨고 보려고 해도 아무 것도 볼 수 없었어요 … 빛이 없는 곳-. 그렇게 깊은 어둠은 처음이었어요. 그 어둠 속에서….'

    컬러펑쳐를 배우는 여인은 빛과 색에 대해 알기 위해 어둠에 대한 경험부터 했단다. 컬러펑쳐는 침술(아키펑쳐)과 같이 우리 몸의 혈을 찾아 색이 있는 빛을 투사하는 것을 말한다. 일종의 의료행위다. 그 반응은 빛을 받는 자에 따라 다르게 나타난단다. 어떤 이는 잠이 들기도 하고, 어떤 이는 신체의 아픈 곳을 호소한단다. 특히 왼발의 한 혈을 따라 특정한 색의 빛을 쪼이면 어렸을 때 기억을 좇게 된다고 한다. 색에 따라 반응이 다르단다. 빛을 받는 자가 어떤 심리적 육체적 문제를 가지고 있느냐에 따라 제각기 다른 반응이 나타난단다. 여인은 색색 필터(아답터)가 있는 만년필처럼 생긴 랜턴을 가지고 다닌다. 스위치를 누르면 불이 들어온다. 여인은 자신이 어둠 속에 방치되었을 때 새로운 경험을 했다고 한다. 여인은 내게 소리에 대해, 음악에 대해 이해하고 싶다면 무향실(無響室 전혀 소리가 없는 공간)을 경험해 보라고 했다. 그리고는 어둠 속으로 사라졌다.

●

미스틱 로즈 명상(Mystic Rose Meditation)

우리말로 하면 '신비의 장미 명상'이다. '장미가 망치보다 강하다'는 광고 카피가 눈길을 끈다. 기억 속에 남아 삶을 부정적으로 이끄는 좋지 않은 앙금들을 제거하는 명상법으로 하루 3시간씩 3주에 걸쳐 실시된다. 첫 주 7일간은 웃고, 다음 주는 울고, 마지막 주는 침묵으로 자신의 내부를 지켜보는 명상법이다. 수업료가 꽤 비싸다.

아침 9시, 암막 커튼이 드리운 어두운 강당, 촛불로 조명을 밝혀놓았다. 각자 하나씩 주어진 매트리스에 앉았다. 테라피스트(조교) 3명과 38명의 구도자들 … 뚱뚱한 아줌마 조교가 '이제부터 웃는다' 그러니까 모두들 낄낄 웃었다. 한 번 웃음이 터지니까 계속 웃음이 나온다. 웃음은 웃음을 증폭하는 힘이 있단다. 전염성이 강해서 쉽게 옆 사람에게 옮아간단다. 이 사람 저 사람 웃기 시작하니 웃음판이 점점 커진다. 흐흐

흐 낄낄낄 하하하-.

　어려서부터 웃어야 할 때 웃지 못한 것이 의식 깊은 곳에 긴장을 형성하고 있는데 이를 풀어내야 자유로운 의식을 가질 수 있단다. 초등학교 일학년 수업 중에 웃다가 여선생님한테 따귀를 맞은 기억이 난다. 그렇다면 웃자!!! 우하하하! 우습다. 세상의 모든 것이 우습다. 옆 사람 웃음소리가 우습고, 내가 살아있음이 우습다. 웃는 내가 우습고 독일 여인이 미간을 찡그린 모습으로 끝까지 웃지 못하는 것이 우습다. 내가 비싼 돈 내고 바보짓하고 있는 것 같아서 우습다 … 하하하 우헤헤 … 너무 웃으니까 눈물이 나온다. 푸하하하 킥킥 우헤헤헤 … 까르르르 … 세상사가 무차별로 우습다. 아이구 배야 … 어쩌면 좋으냐 이렇게 우스우니-. 우하하하 … 까르르 …. 터진 웃음이 멈추지 않는다.

　저녁에 숙소에서도 헤헤헤 낄낄 … 거실 형광등 스위치를 올리니까 불이 들어온다. 불이 들어오니 우습다. 스위치를 내리니 불이 꺼진다. 그건 더 웃긴다. 주전자 물이 끓으며 뚜껑이 춤을 추는 것도 우습다. 김을 뿜으며 내는 소리도 우습다. 하고많은 소리 중에 하필이면 왜 저 소릴까. 생각해 보니 정말 우습다. 까르르 … 내 웃음소리에 옆방의 각일 스님도 따라 웃는다. 키득 키득 웃으며 마트에 가니 인도 처녀들이 슬슬 피한다. 자다가도 웃는다.

사흘이 되니 우는 것보다는 울고 싶은 생각이 든다. 사실 나는 울고 싶어서 이 명상을 선택했다. 울고 싶은 마음은 나쁜 아닌 모양이다. 몇몇 사람들이 그만 웃고 울자고 해도 조교들은 아직 멀었다면서 더 웃으라고 한다. 지겹게 웃는다. 푸에르토리코에서 온 남자가 베개를 허공에 던졌는데 베개가 터져 오리털이 날아다닌다. 이를 본 일본 여인이 물을 마시다 뿜어낸다. 조교들이 맑은 물을 계속 마시라고 한다. 세포 구석까지 정화시켜야 한단다.

닷새째가 되니 웃음이 늘어지기 시작한다. 웃는 것이 점점 힘들어진다. 웃음과 울음은 이웃이란다. 울음으로 이전될 때까지 다 웃어내라고 한다. 엿새 되는 날은 웃는 게 쉽지 않다. 마지막 날은 웃기 싫다.

어둠, 어둠, 어둠 속에서 우는 사람들-, 어둠 속에서 여인들의 울음소리가 들린다. 슬프고 괴기스러우면서 묘한 아름다움이 있다. 어두움 속에서 들리는 여인들의 울음소리. 끊일 듯 끊일 듯 연결되는 울음소리 … 묘한 소리의 색채가 어둠을 타고 날아온다. 무엇이 저 여인을 울게 만들었는가 … 목 놓아 우는 여인들, 목 놓아 우는 남자들, 목 놓아 우는 사람들-.

존 레논의 〈이매진〉, 로드 스튜어트의 〈세일링〉, 에릭 사티의 〈짐노페디〉 등 음악이 흐른다. 음악이 바뀌면 울지 못하고 있던 몇몇 사람들이 울기 시작한다. 그 음악을 듣던 시절의 아름다운 혹은 아픈 기억 때문이리라. 그러나 아직도 울지 못하는 사람들이 많다. 나 역시 눈물이 나오지 않는다. 처음 '이제부터 운다' 그랬을 때 신이 나서 울컥! … 그리고 눈물이 숨어버렸다. 몇몇 사람들은 우는데 나는 울 수가 없다. 무엇이 나를 울지 못하게 하는가? 어렸을 때 울던 기억 … 아픈 기억들 … 장미꽃 위에 이슬이 맺혀있듯 그렇게 나의 눈물은 나오지 못하는가 … 나의 존재에서 나오는 눈물을 기다린다. 그러나 눈물은 나오지 않는다. 격렬한 흐느낌만 있었을 뿐 터지지 않는 울음-. 시원하게 울어 보겠다고 독한 마음으로 자리를 펴고 누웠으나 눈물을 찾을 수 없다. 사람들의 울음소리가 들린다. 목 놓아 우는 사람들 … 경원이 생각이 난다. 나의 아기로 내게 온 너를 처음 만난 지 십 년 남짓 … 저 밑바닥에 고인 눈물 … 존재의 이슬 … 나는 왜 울지 못 하는가 … 마지막으로 울었던 기억이 언제인가?

 가슴 속에 맺힌 이것을 토해내기 위해 아무리 애를 써도 울음이 터지지 않는다. 뚱뚱한 아줌마 조교가 포근하게 나를 품고 등을 토닥이며 '괜찮다. 울어라.' 아줌마 가슴에 얼굴을 묻었다. 눈물이 나오지 않는다. '괜찮다. 우는 시늉이라도 해라.'

크라잉 코스 마지막 날 … 이 가슴 속에 쌓인 이것을 울음 울지 못하는가? 오랜 세월 별러 온 울음을 결국 못 울고 마는가? 가슴 속에 있는 이것을 토해내지 못하고 마는가?

일주일 동안 눈물을 찾았으나 눈물은 어디로 숨었는지 알 수 없다. 어렸을 때의 슬픈 기억부터 억울한 일, 무서웠던 일, 최근의 기분 나빴던 일까지 돌이켜 보며 아무리 울려고 해도 울음이 나오지 않는다. 시원스레 울고 나면 후련할 텐데 … 할 수 없다. 이번에는 울기 글렀으니 다음에 다시 오자. 다음에는 꼭 울자. 우쉬! 돈이 장난 아니게 드는데, 항공료에 방세에 생활비에 명상 수업료에ㅡ.

마지막 30분ㅡ. 울음을 포기하고 누워있는데 어둠 속에서 한 남자가 울면서 다가온다. 노랑머리 벨기에 녀석이다. 그의 커다란 두 발이 보인다. 굵은 눈물방울이 발등과 바닥에 무차별로 떨어진다. 뚝! 뚝! … 부럽다. 누구는 젖고, 누구는 건조하고 … 한참을 그렇게 서서 울던 그가 내게 빨간 장미 한 송이를 건넨다. 싱거운 녀석이라고 생각하며 장미를 받고 돌아눕는 순간, 장미 봉우리에서 뜨거운 눈물이 내 가슴 위로 떨어진다. 순간, 으앙! 울음이 터졌다.

이슬이 바다로 녹아 들어가는 순간, 아니 바다가 이슬로 녹아드는 그 영원처럼 짧은 순간이었다. 장미의 눈물이 가슴에 닿는 찰나 장미가 속삭였다. '나를 봐라. 비록 가지에서 잘렸지만 이 순간 최선을 다해 아름답지 않느냐? 아픈 기억은 과거의 것, 삶은 현재 벌어지고 있는데 왜 존재하지도 않는 과거에 얽매어있는가.' 그렇다. 수줍은 듯 만개하지 않은 장미 … 무엇 때문에 아픈 기억을 간직하고 있는가. 부질없는 짓이다. 장미는 이 순간 아름다움을 다하고 스러지겠지-. 이 외에 또 무엇이 있을까? 그렇다. 이 외에 또 무엇이 있을까! 이런 생각들이 유리에 금이 가듯 찰나에 스쳤다. 찰나(刹那)는 75분의 1초, 1초는 세슘원자가 91억(9,192,631,770)번 진동하는 것을 표준으로 한다.

돈오(頓悟)라는 것인가? 저 깊은 곳에서 뜨거운 물이 솟아오른다. 오랜 세월 억눌려 있던 눈물이 흐르기 시작한다. 나는 큰 소리로 울기 시작했다. 어어엉엉! … 최고의 카타르시스다. 가슴이 다 후련하다. 운다는 것이 이토록 커다란 기쁨이란 말인가? 신난다. 엉엉-. 그동안 울지 못해 애태우던 구도자들 모두 장미 한 송이씩 들고 울고 있다.

하하하하! 돌연 어둠 속에서 누가 웃는다. 그렇다! 모두 웃는다. 이 모든 것이 연극이다. 그동안의 기다림이 하나의 연극에 지나지 않았다. 장난기 어린 연극 … 벌건 대낮에 커튼 치고 촛불 켜놓고 웃다가 울다가 이 뭐 하는 짓들이냐 다 큰 어른들이 … 누군가 커튼을 젖힌다. 화창한 열대의 햇살이 들어찬다. 창밖의 초목들이 싱그럽다 … 부드러운 음악이 흐른다. 모두 일어나 춤을 춘다. 엉엉 눈물을 흘리면서 웃으며 추는 춤, 창밖의 초목들만큼이나 싱그러운 생명의 춤 … 옆의 브라질 여인이 울면서 엄지를 치켜든다.

눈물은 가슴에서 나오는 것, 기억은 머릿속에 있는 것 … 빈집을 두드린 것이다. 일주일 동안의 행동이 바보짓이었다는 생각에 모두 웃는다. 명상은 바보가 되는 작업이란 말이 생각난다. 햄머보다 장미가 강하다는 것을 이제야 알겠다.

어둠 속에서 울던 사람들과 내게 장미꽃을 건네준 남자 … 나는 이들이 조교들이 아닌가 생각한다. 명상에 참여한 사람들 모두 울지 못하고 있다가 마지막에 운 것이 이들이 의도한 과정이 아닐까? 명상 참가 신청서를 쓰고 돈을 내면서 접수하던 뚱뚱한 여인에게 물었던 기억.

'왜 이렇게 비싸요?'
'찌든 영혼을 세척하는 데 비싼 거 아닙니다.'
'만약에 못 울면요?'
'걱정말아요. 백 프로 울려 드립니다.'
그러고 보니 나를 품고 등을 토닥이던 아줌마다.

울려고 이 기억 저 기억을 찾아다닌 것이 숨어있던 부정적 기억들을 떨쳐내기 위한 것이었다. 의식 저층부에 숨어있던 좋지 아니한 기억들을 끌어올려 우주로 투척하고 나니 삶의 무게가 가벼워졌다. 이렇게 내 삶의 발목을 쥐고 있던 부정적 데이터들이 기능을 상실했다. 나를 짓누르고 있던 아픈 기억들이 떨어져 나갔다. 뇌의 편도와 해마가 정화된 것이다.

실컷 웃고 울고 나니 후련하다. 몸마저 날듯이 가볍다. 울음이 빠져나간 자리에는 뜻 모를 환희가 자리 잡고 있다. 명상(Meditation)은 의학이다. 의대생(Medic), 약(Medicine), 건강관리(Medical Care), 건강검진(Medical Examination)과 같은 어원이다. 본질적으로 호흡을 다루는 기술이다. 호흡은 생명 현상의 근본이다.

이제 마지막 일주일간 침묵 코스다. 이름 모를 넝쿨이 나무마다 감고 올라간 울창한 숲 속 작은 연못가에 높이 3미터, 폭 2미터 정도의 기다란 유리집이 중간에 꺾여 기억자를 이룬다. 천정도 유리로 되어있다. 바닥은 대리석, 에어컨으로 실내가 쾌적하다. 2미터 간격으로 동그란 방석에 가부좌하고 앉았다. 눈을 감고 나의 내부를 들여다본다. 텅 빈 곳 … 태양의 숨결을 받아들일 공간이 생겼다. 부정적 기억과 욕망으로 차 있던 자리 … 행복이 나를 감싸고 있다. 50분 명상 … 10

분 휴식 … 50분이 순식간에 흐른다. 눈을 뜬다. 작은 연못에서 연꽃 한 송이가 나를 보고 웃는다. 다람쥐 한 마리가 옆으로 누운 나무를 타고 흐른다. 갈색 날개를 가진 작은 새가 날아와 잠시 … 어디론가 훌쩍 날아간다. 눈을 감는다. 몸과 마음은 가볍고 세상은 아름답다.

●

초승달이 떴다.
아! 저 달이 차면 추석이구나.
돌아가자.
아버님이 뵙고 싶다.

할머니 뒤로 산이 솟더니
눈이 내린다

사흘을 잘 놀았다
한 이틀 쉬자

당신이지?

'아닌데요.'

'허어-, 당신 밖에 없다니깐.'

'정말 나는 아니예요.'

고개를 갸우뚱, 알 수 없다는 표정으로 취한 몸을 비틀거리며 멀어져 가는 이 선생. 그는 길에서 나를 마주칠 때마다 오른손 집게손가락을 내게 디밀며 '당신이지?'하고 묻는다. 그러면 나는 고개를 가로저으며 '아닙니다'라고 한다. 선생은 '분명히 말하라'고 다그치며 더욱 강하게 묻는다. 나는 나도 누군지 궁금하다고 답한다. 선생은 고개를 갸우뚱 비틀거리며 멀어진다. 이런 상황은 길에서 선생을 마주칠 때마다 벌어진다.

선생은 산에다 요를 깔고 이불을 덮고 자는데 바지와 점퍼 등을 접어서 베개로 쓰고 있다. 어느 날 베개로 쓰던 옷가지를 터는데 돈 3만원이 나왔다는 것이다. 누군가 몰래 그의 베개 속에 돈을 찔러 넣은 것. 선생은 범인으로 나를 지목했다. 그러나 나는 범인이 아니다. 선생은 그 돈으로 깨끗한 옷을 사 입고 일자리를 구하러 갔다. 며칠 후, 연세대학교 앞 어느 중국음식점의 주방장이 되었다고 전화가 왔다. 나는 진심으로 선생의 변신을 축하했다.

열흘 후, 선생이 다시 취한 모습으로 산에 나타났다.

'아니 이 선생님, 어찌된 일입니까?'

'종업원들이 질이 안 좋아서 … 주인이 좋지 않은 곳에서는 일을 할 수 있어도 종업원이 좋지 않은 곳에서는 일을 할 수가 없어요.'

'무슨 말씀이신지-.'

무릎 사이에 박고 있던 고개를 드는데 눈가가 촉촉하다.

'나쁜 주인은 종업원들을 혹사하고 괄시를 하며 임금을 잘 안 주지요. 그건 참을 수 있어요. 종업원이 안 좋은 곳에서는 더러운 음식을 손님에게 내고 종업원들끼리 짜고 주인을 속이거든요.'

결국 선생의 결벽증이 자신을 다시 걸인으로 만들었다. 그리고 술 취한 얼굴로 내게 묻는다.

'제발 진실을 말해 줘. 내게 그런 돈을 줄 사람이 없어. 당신 맞지? 맞지?'

'아닙니다. 나도 누구의 짓인지 궁금해요. 정말로 궁금합니다.'

나는 그 범인으로 이웃에 있는 바둑선수 문용직 사범을 의심했는데 그도 아니라고 한다. 길에서 만난 이선생이 오른손 집게손가락을 디밀며 또 묻는다.

'당신이지?'

'아닙니다.'

갸우뚱 … 우리는 서로를 지나친다. 이 선생의 손가락질은 그 후 7년이나 지속되었다. 술에 취해 모닥불에 쓰러져 타죽기까지-.

우리는 봄에 만나 처음 대화를 나누었다. 지난겨울을 산 위의 맨홀에서 지냈단다. 추위는 견딜만한데 쥐 때문에 힘이 들었단다. 이 선생 말에 의하면 부인이 아들을 낳고 죽었다. 1960년대 서대문구청에 근무했는데 당시 와우아파트 붕괴사건으로 실직, 윗놈들이 다 해 먹고 아랫놈들만 쫓겨났다. 어쩔 수 없이 음식점 그릇 닦기에서 주방장으로 승진 … 간질증세로 걸인이 되었다. 그리고 알콜 중독이 되었다.

겨울을 내 방에서 함께 지냈다. 선생과 동거하는 동안 나는 매일 그가 솜씨를 발휘하는 기름진 음식을 먹었다. 그리고 봄이 오고 직장을 그만둔 나는 인도로 떠났다. 이 선생은 다시 걸인이 되었다. 후에 내가 강원도 두메로 이주했을 때 이 선생과 같이 겨울을 나기도 했다.

●

내게 남은 시간을 하나로 보기로 했다

요일이나 계절로 나누는 것이 아니라 쌀독의 쌀 파먹듯 남은 시간을 살다가 마침내 배터리 다 떨어지면 기분 좋게 이승 아웃하기로 했다. 졸리면 자고 고프면 먹고 마려우면 누기로 했다.

요일을 모르겠다. 요일이 의미가 없어졌다. 요일은 무언가 반복적인 삶을 사는 사람들에게나 필요한 것. 다양한 경험을 삶의 지표 가운데 하나로 삼은 나는 많은 것을 경험하기 위해 가능한 한 반복적 삶은 피하기로 했다. 사람들이 생기가 있어 보이거나, 시내가 한산하면 틀림없이 일요일이나 휴일이다.

아침 9시나 10시경 눈을 떠서 누운 채로 창밖 나무를 바라본다. 편안한 행복감이 나를 감싼다. 그러나 아직도 의식 한 구석에 편안한 것에 대한 죄의식이 남아있다. 짧은 시간에 가능한 한 많이 생산해야 하는 산업사회의 흔적인가? 여시아문인도견(如是我聞印度犬), 나는 인도의 개들에게 이렇게 들었다. '편안함을 편안하게 받아들여라.' 나는 될 수 있는 대로 바쁜 일은 피하고 재미있게 놀기로 했다. 그러기 위해서는 몸과 마음의 컨디션을 최고로 유지해야겠지-.

잠을 푹 자고 나면 뇌의 기능이 좋아진다. 이렇게 맑아진 의식으로 보내는 시간은 순도가 높다. 잠을 많이 잔다는 것은 삶을 효율적으로 사는 방식이다. 이 상태, 그러니까 또렷한 의식의 시간은 일반적 상태보다 행복하다. 잠을 많이 자니까 시간이 좀 아깝기는 하다. 그래서 테레비를 창문 밖으로 던져 버렸다.

　잠을 푹 자고 운전대를 잡으면 엔진 상태, 타이어 상태, 도로 상태 등이 투명하게 전해지는 것은 나 뿐일까? 그 상태에서는 운전하는 것이 즐겁다. 운전뿐이랴, 망치질이나 김치를 담그는 일부터 글쓰기나 무언가를 암기하는 것까지 그러니까 일거수일투족 모든 행위가 기분 좋다. 반면 술과 섹스는 피곤해야 깊은 맛이 나는 것은 무슨 연유일까? 휴식 그러니까 잠의 입구에 있는 것이기 때문인가?

●

돈이 한 개도 없다

이발도 해야 하는데 … 개들은 돈 없이 산다. 새들도 돈 없이 날아다닌다. 통장이 다섯 개나 되는데 잔고가 전부 천원 미만이다. 술도 돈, 밥도 돈, 돈이 없다. 살다가 돈이 한 개도 없어 보기는 처음이다. 무슨 세금 쪽지가 날아온다. 전기세도 날아온다. 찢어버린다. 마루에 엎드려 있는데 야채장수 스피커 소리가 들린다. 배추요 열무요 고추 양파 … 김치를 담거야 되는데 … 아! 돈이 없구나 … 야채장수는 지금 김치 떨어진 것 알고 있다 오바! 불러댄다. 꼼짝없이 두 눈을 감은 채 그 소리를 듣는다. 빨리 나와라 오바! 나는 속으로 외친다. '돈이 없다. 꾀꼬리!'(No Money, Nightingale) 야채장수 소리가 멀어진다.

젊은 친구가 작은 종이뭉치를 들고 나를 찾는다. 내가 김진묵이라고 눈빛으로 말했다. 그가 종이뭉치를 뒤적여 몇 장의 쪽지를 보며 계산 기능도 있는 손목시계를 눌러보더니 모두 얼마라고 한다. 돈이 없다니까 바지 뒷주머니에서 뺀찌를 꺼내서 전기를 끊고는 사라진다 … 냉장고를 여니 어두컴컴하다. 밤 … 촛불을 켠다. 어스름하고 아늑한 분위기가 좋다.

9시 뉴스-. 경상도 지방 감이 풍성하게 익었는데 일손이 모자라 나무에 그대로 방치되어 있단다. 감 따는 일 … 하루 일당을 쌀로 환산해보니 한 가마 정도. 밥도 주고, 담배도 주고, 잠도 재워 준단다. 일 끝난 저녁에는 막걸리도 있을 테고 … 세상은 풍성하다.

●

이어지는 이야기는 너무 원색적이라

밝히기 좀 애매하다. 그렇다고 부도덕한 것은 아니다. 그냥 최대한 웃고 즐기며 사는 이야기다. 천상병 시인은 이렇게 노래했다. '몽롱한 것은 장엄하다 … 할머니 등 뒤에 고향의 산이 솟고 그 산에 철도 아닌 한겨울의 눈이 펑펑 쏟아지고 있는 것이다.'

벗님이 오자 달이 돋는다. 술잔의 달을 마신다. 벗님이 술잔을 채운다. '마셔라! 첫 잔은 불로주고 둘째 잔은 장생주다.' 술잔에 달이 계속 뜬다. 회수일음삼백배(會須一飮三百杯), 한 번 마시면 삼백 잔은 마셔야 한다. 드디어 반투명 막이 열리며 장엄한 세계가 펼쳐진다. 앗! 벗님 등 뒤에 산이 솟더니 눈이 내린다.

집 뒤 야산에서 파티가 벌어졌다. 흑우(黑雨) 김대환 선생, 트럼펫 최선배 선생, 일본 재즈 피아니스트 사토 마사히코 선생을 비롯, 공연차 내한한 일본 미국 브라질 등의 뮤지션들과 국내 재즈 아티스트들 그리고 인도에서 만난 엘렌 등과 함께 바비큐에 각국의 술병들이 비어 가는데 이 선생이 나타났다. 이 선생이 좌중을 향해 오른손을 머리에 대며 경례를 붙인다.

'엑스큐즈 미'

내가 커다란 잔을 건네고 독주를 가득 따랐다. 잠시 술잔을 응시하더니 길게 숨을 내뱉은 후에 목을 뒤로 젖히고 단숨에 넘긴다. 잠시 후, 스윽- 이 선생의 표정이 바뀌더니 새로운 사람이 나타났다. 수줍고 순박한 사람은 사라지고 뻔뻔스럽고 눈빛이 불량한 패배자가 앉아 있다. 알콜 중독이 무서운 것은 하나의 육체에 두 개의 영혼이 깃들어 있는 것이다.

'빨리 일어나.'
새벽까지 마시고 늦잠을 자는데 영복 형님이 프라이팬에 시뻘건 낙지볶음과 중국에서 온 사람이 가지고 왔다는 고량주 한 병을 머리맡에 놓고 재촉한다. 자다 말고 일어나 앉아 마시고 나서 술 내기 바둑을 둔다. 누군가 이기고 져서 낮술을 마시는데 기옥이와 희선이가 막걸리를 들고 왔다. 해 질녘, 어디 레코드 회사 전무가 만나 뵙고 할 얘기가 있다면서 다음에 보자는데 구태여 찾아오면서 맥주 … 그 사람 배웅하고 있는데, 뭐하냐? 원복이가 까만 비닐봉지를 들고 나타났다. 왜? 전화도 없이 … 원복이가 술 취해 가고 잠자리에 누웠는데 … 따르르르릉 … 형! 난데 요 아래 술집인데 내려와 … 주섬주섬 챙겨 입고 쪼로로로-.

'내일 낮에 지원 엄마랑 산에서 바비큐 먹자. 오늘 지원 엄마가 이태리 출장 갔다가 한 병 가져왔거든. 거래처에서 준

거래.'

'그래? 빨리 먹자.'

'구울 때 바르는 소스와 찍어 먹는 소스는 내가 만들게.'

맥주를 마시며 내일 마실 계획을 짜고 나니 새벽 두 시가 지났다. 어제보다 약간 이른 귀가 시간 … 하늘의 달이 차갑다. 달아 달아 밝은 달아 이태백이 놀던 달아 정월에 뜨는 저 달은♪ 콧노래를 부르며 앞으로 한 발 뒤로 두 발 … 마침내 기어서 산비탈을 올라와 방에서 고꾸라진다.

이튿날 낮, 야산 미루나무 밑에서 숭호와 지원 엄마랑 모닥불로 돼지갈비를 굽는다 … 슬슬 타지 않게 … 기름은 적당히 빼고 … 양파즙에 각종 재료를 넣어 정성 들여 만든 바비큐 소스를 발라가며 … 불이 세면 고기가 탄다. 이글거리는 빨간 숯으로 공들여 굽는다. 형 이거 찍어 먹어봐 발사믹 소스와 칠리 그리고 겨자도 좀 넣었거든 … 으흠! 좋은데 확실히 양놈들 머스타드보다는 우리 겨자가 좋아 … 형 잠깐, 뜨거우니까 이 목장갑 껴 … 무슨 술인지는 모르겠는데 대기업 과장 한 달 봉급으로 두 병 밖에 살 수 없다는 술이 공들여 구운 어린 돼지 통갈비와 좋은 컴비네이션을 이룬다. 지원 엄마가 숲을 가리키며 말한다.

'저기 한 마리 새가 꽃 사이에서 울고 있네요.'

고개를 돌려 바라보니 바위 옆에 야생화들이 웃고 있고 새

한 마리가 화답하고 있다. 소나무 위 하늘에 구름 한 점 한가히 떠 간다. '흐리멍텅한 눈에 이 세상은 다만 순하디 순하기 마련인가'

'이 기분 취하지 않은 사람에겐 전하지 말자.'

'그래, 말해도 모를거야.'

오늘은 이쯤에서 마치려는데 불현듯 나타난 석양의 실루엣-. 양손에 뭔가 들고 있다. 다시 시작된 파티가 커지기 시작하더니 달이 뜰 무렵 열다섯 명 정도가 시끄럽다. 웬일로 오늘따라 사람이 많은가 했더니 토요일이란다. 어제 진 달이 돋는다. 모닥불을 피운다. 월하떼작.

빈 병들이 어지럽다. 군번이 늦은 아이들은 아래 구멍가게엘 뻔질나게 왔다 갔다 한다. 두둥 두둥 인도에서 가지고 온 북 … 주인이 북을 치니 객들이 노래한다. 달 밝고 별이 드문데 까막까치가 날아간다. '다이어트는 미친 짓이여!'라던 여인이 만월에 취해 춤을 춘다. 육중한 달그림자가 화답한다. 술이 떨어졌다는 신호가 온다. 이 주머니 저 주머니에서 지폐가 나온다. 띵까띵까 계속 돌아가다가 … 밤 11시, 이슬이 내린다. 모닥불을 크게 피운다. … 후배 녀석이 가게의 술이 떨어졌단다. 얀마! 대한민국에 가게가 한 군데 밖에 없냐? … 잠시 후 어둠 속에서 후배들이 막걸리를 한 아름 안고 나타났다. 나는 노래를 불렀다. 달아 달아 밝은 달아 이월에 뜨는 저

달은 동동주를 먹는 달♪ 이후에도 간혹 후배들이 어둠 속으로 사라졌다 나타나고는 했다 … 형! 가게 술 다 가져왔어, 아줌마가 자꾸 자는 사람 깨우지 말고 다 가져가래 … 후배들 고생이 심한 것 같아서 나는 사위어 가는 모닥불을 보며 다음에는 가마솥을 설치하고 와인을 끓여 먹자고 제안했다. 모두 좋다면서 두서너댓 병씩 가지고 오겠단다. 그런데 아침이 오려는지 새소리가 … 뚝! 필름이 끊어졌다.

파티에 자주 참석하는 인물들은 대강 다음과 같다. 기타 치며 노래하는 녀석들은 기본이니까 빼고 … 택시 기사, 태권도 사범, 바둑선수, 신문기자, 방송국 프로듀서, 방송작가, 시인, 화가, 영화감독, 영화배우, 패션 디자이너, 모델, 오페라 가수, 트로트 가수, 무용수, 박수무당, 레코딩 엔지니어, 항공기 조종사, 중, 가정주부, 이혼녀, 노처녀, 직장여성, 여선생, 남선생, 사장, 과장, 오스트레일리아 여인, 네덜란드 여인, 아일랜드 여인, 덴마크 남자, 일본 남자 그리고 무직자와 나와 헤어진 후 캠핑을 하는 이 선생과 그 친구 걸인들 … 경찰과 방범대원이 뭔 일인가 하고 왔다가 귓속말에 부동자세로 경례를 부치고 간 친구(이 친구만 이따만한 핸드폰이라는 것을 들고 다녔는데 그걸로 족발을 주문하니 정말로 오토바이가 저 아래까지 왔다. 그가 나를 이 동네 파출소 VIP 명단에 올려

났다) 그리고 … 이 외에도 많다. 여인들이 많았다. 특히 외국 여인들이 많았기에 무지 모였다. 게다가 한국에 가면 언놈이 먹여주고 재워 준다는 소문에 전 세계 떠돌이 예술가들이 전화번호 달랑 들고 몰려왔다.

생일날! … 매일 벌어지는 파티인데 생일날이니 얼마나 명목이 좋은가 … 난리가 났다.

당대불락음(當代不樂飮)
허명안용재(虛名安用哉)
살아생전에 술이나 즐길 일이지
부질없는 이름을 남겨 어디다 쓸 것인가
 - 이태백

'작은 병은 좀 그렇다!'고 했다. 그리고 깼다. 2홉들이 맥주를 가져오기에-. 아무리 꿈이지만 작은 병은 너무 했다 … 다시 자자 … 꿈에서 보는 술병은 삶이 풍족해질 것이라는데 형편이 좀 나아질라나 … 인도에서 권리를 가지고 온 라이선스 음반이 좀 나가기는 하는데-.

너무 마시니까 하늘이 노랗다

심장도 불규칙하게 뛰는 것 같고-. 그러던 어느 날, '저 … 경원아빠 … 그러니까 … 우리 조카가 집을 샀는데 … 그 아이도 형편이 좀 그렇거든. 그래서 사실은 … 뭐 돈이 좀 모자른지 … 그러니까 뭐냐하믄 한 2년 …'

통역을 하면, 조카가 집을 사느라고 무리를 했기 때문에 새로 산 집을 전세를 주고 조카네는 사글세를 살아야 한단다. 번역을 하면 방을 내달라는 주인집 할머니 말씀이다.

기러기야 어디로 가느냐

건너편 산마루의 창문마다 등불이 켜진다

김선배는 봉급타면 은행에 맡겼다가

조금씩 찾아 쓰지? 그러다가 약간의 목돈이 되면 무슨 일이 생겨서 다 찾아 쓰고 다시 빈털터리지? … 맞지? 내말 맞지? 그러는 거 아냐 … 참 바보 같애 … 일단 부금을 하나 들고 … 융자를 받아서 어쩌구 … 그래서 아파트 추첨을 … 저쩌구 … 듣기만 하는데도 머리가 아프다.

●

재즈붐이 일기 시작했다

대구 방송국에서 제의가 들어왔다. 한 달에 한 번 정도 내려와서 한 달 치를 녹음하자는 것이다. 인도를 가게 되면 두서너 달 치를 녹음해도 좋다고 한다. 이 땅에 재즈가 없던 시절, 많은 재즈 음반을 기획하고 해설을 써서 출시했던 결과가 뜻하지 않게 나타난 것이다. 독일 엔자(Enja) 레코드 설립자인 홀스트 베버가 '국민소득 이만 불이 되면 재즈가 활성화 된다'고 한 기억이 난다.

부산, 마산, 광주, 목포, 전주 방송국을 연결했다. 방송국에 가려면 피크닉 준비를 하고 지도를 보고 코스를 잡는다. 한계령을 넘어 동해를 끼고 남쪽으로 내려가는 코스는 단골이고 거꾸로 코스를 잡기도 했다. 포항, 경주, 부산, 대구, 마산, 진해, 여수, 광주, 목포, 전주 … 지리산, 속리산 … 국내의 모든 곳을 돌아다닌다. 밤이면 산속 개울가에 차를 세우고 하늘의 별을 보며 잔다.

대전에서 자고 전주에서 늦은 아침을 먹고 덕유산을 향해 가다가 마이산을 지나는데 할머니 한 분이 엄지를 치켜든다. 차에 오른 할머니는 시어머니 제사를 모시기 위해 제수를 사러 진양 읍내에 나가는 길이라 하신다. 우리는 이런저런 이야기를 나누며 한가한 국도를 달렸다.
'지난여름에는 가뭄이 심했는데 피해는 없었습니까?'
'글쎄 이곳은 별로-.'
'다행이군요.'
'건강하시죠?'
'그럼요.'
'건강도 좋고 농사도 잘되었다면 사시는 데는 문제가 없군요.'
'사는데 문제가 없을 수 있남유. 마을에는 노인들만 있는데 우리가 가면 저 땅을 누가 가꿀지가 걱정이죠.'
'도시에 나가 있는 자식들이 나이 들어 돌아오지 않겠습니까.'
'그렇다면 얼마나 좋겠어요. 나이가 들기도 전에 자꾸 죽어

오니 문제지요.'

할머니는 죽어도 좋을 정도로 도시가 좋으냐고 물으신다. 할머니는 진양 읍내 시장 앞에서 내리시면서 담뱃값이나 하라고 천 원짜리 몇 장을 막무가내로 디미신다. 나도 막무가내로 거절한다. 자식들이 그 돈에 순교한 걸 노인은 모르시는 모양이다.

부산 송도의 밤, 바다로 창이 난 여관 3층. 방송국에서 특집을 마치고 소주를 마시고 들어와 잠이 들었다 … 정규 프로그램이 끝난 TV의 잡음에 눈을 떴다. 주기적으로 들리는 파도 소리가 창을 넘어 여관방에 가득 찬다. 새벽 3시 … 담배를 물고 캔커피를 마신다 … 파도소리 사이로 간간이 들리는 자동차 소리 … 멀어져가는 오토바이 소리 … 여인들의 웃음소리가 들린다. 창문을 연다. 파도 소리가 증폭된다. 검은 바다와 흰 포말 … 바닷가 도로를 젊은 여인 둘이 지난다. 한 여인은 짧은 가죽 치마를 입었고 한 여인은 검은 스타킹을 신었다.

다시 엎드려 창백한 형광등 밑에서 대구에서 만난 어느 여인이 건네준 책을 펼친다. 장 그르니에의 〈섬〉 … 잔뜩 멋을 낸 문장에서 곧 지루함이 온다. 고급스러움과 지성적인 것이 항상 좋은 것만은 아니다. 차가운 벽에 기대어 눈을 감는다.

여인들의 웃음소리가 파도소리를 타고 날아온다. 파도소리 … 소음, 다시 파도소리, 소음 … 파도소리와 소음이 바흐의 〈오르간 코랄〉처럼 들린다. 그 느낌을 다시 파도소리가 삼킨다. 부르릉! 심야택시의 엔진소리가 멀어진다. 파도소리가 증폭된다 … 싸아 – 철썩 싸아 – 철썩 ….

운전대를 잡고 북상하다가 단양 쪽으로 방향을 잡았다. 강을 끼고 달리는 한적한 도로 –. 음악을 들으며 달리는 시속 60킬로의 속도에는 여유가 배어있다. 소백산으로 들어섰다. 아늑하고 멋진 절경에 취해 완만한 능선을 오른다. 희방폭포를 지나 소백산 도로 정상, 휴게소 주차장에 차를 댔다. 주차장 옹벽 위에서 석양을 바라보며 캔맥주로 목을 축이는데 등 뒤에서 보름달이 떠오른다. 보름달이 묻는다. '석벽의 노송이 춤을 추는데 맥주로 되겠니?'

빈 주차장에 돗자리를 깔고 라면을 끓여 훈제 칠면조 바비큐에 소주를 마신다. 카스테레오 소리가 고요한 산에 퍼진다. '미치광이가 잔디 위에 있네요♪' … 핑크 플로이드의 〈뇌손상〉(Brain Damage)이다. 나는 이 노래가 나의 뇌를 노래한다고 생각하며 돗자리 위에 이불을 깔았다. 얼큰한 상태로 혼자 낄낄 웃으며 잠이 들었다.

아침 –, 주차장에 차들이 들어온다. 버스도 들어온다. 등산

복에 지팡이를 든 사람들이 내린다. 좀 더 자야겠다. 이불을 머리까지 뒤집어쓴다. 여인의 목소리가 들린다. '여기서 주무시네.' 햇볕이 따가워서 일어났다. 정오가 다 되었다.

●

이 선생 텐트 옆 바위 위에서

지는 해를 바라본다. 새들이 붉게 물든 태양을 가로질러 날아간다. 알 수 없는 하루는 금방 지나고 석양에 그림자 밀며 집으로 돌아가는 사람들 … 어둠이 내린다. 건너편 산마루의 창문마다 등불이 켜진다. 슬리핑백을 깔고 누웠다. 술 취한 이 선생이 비틀거리며 텐트로 돌아오다가 나를 봤다.

'아니! 김 선생님, 왜 관직을 버리시고 흑, 흑….'

통곡을 하신다. 그러다가 뚝! 부리나케 언덕을 내려가더니 잠시 후에 나타났다. 머리맡에 약수 한 통을 놓고 모기향을 피운다. 그리고 다시 '어쩌자고 관직을 버리시고 흑 흑….'

보름달이 높이 떴다. 이 선생 코 고는 소리가 들린다. 초저녁 선잠이 깬 이후 잠이 오질 않는다. 슬리핑백에서 기어 나와 바위 위에 앉았다. 보름달을 가로질러 기러기 떼가 날아간다. 휘영청 달밤의 고요 속을 힘찬 생명 에너지가 출렁출렁 흘러간다. 어디로 가는가 … 기러기야 웨어르 아르 유 고잉?
나는 홀로 깨어 이들을 본다.

갈매기의 꿈

야성과 지성
두 날개의 균형만 맞으면
날 수 있다

갈매기 조나단은 비행에 대한

남다른 열의를 가지고 있다. 갖가지 비행법을 익히느라 여념이 없다. 고난도 비행술까지 익힌 그는 비행에 대한 자부심을 갖는다. 어느 날, 부족 회의가 열린다. 조나단이 호명되었다. 조나단은 자신의 비행에 대한 찬사가 나올 줄 알고 으스대며 나갔다. 그러나 그는 질타를 받는다. '갈매기는 먹기 위해서만 날아야 한다'는 갈매기 사회의 불문율을 깼기 때문. 그는 부족으로부터 추방된다. 조나단을 추방한 갈매기들은 먹기 위해 쓰레기장으로 날아간다.

추방된 조나단은 바닷가 절벽 위에서 홀로 산다. 그는 아무런 방해도 받지 않고 비행술 연마에 몰입한다. 고속비행, 저속비행, 수직비행, 다양한 곡예비행 등을 익히고 새로운 비행법도 개발한다. 비행술을 익히는 과정에서 부상을 입기도 한다. 외롭기는 해도 지금의 삶이 좋다.

어느 날, 비행연습을 하고 있는데 은빛 갈매기 두 마리가 나타났다. 조나단은 자신의 기량을 뽐낼 양 속도를 올렸다. 은빛 갈매기들은 별 어려움 없이 따라온다. 어? 이것 봐라. 조나단은 초고속으로 날았다. 은빛 갈매기들은 쉽게 따라붙는다. 조나단은 자신이 개발한 고난도 비행술로 그들을 시험했다. 그들은 편안하게 따라온다 … 조나단은 그들을 따라간다. 그곳에는 이미 모든 비행술을 터득한 강호의 고수들이 있었다. 조나단은 낯선 갈매기 동네의 막내가 되었다. 드디어 날 갯짓으로 이동하는 것을 넘어 순간이동까지 터득한다. 신비의 영역으로 들어선 것이다. 조나단에게서도 찬란한 은빛이 난다.

〈조나단 리빙스턴 시걸〉(Jonathan Livingston Seagull)은 미국 작가 리차드 바크(Richard Bach 1936 ~)가 1970년에 발표한 우화소설이다. 리차드 바크는 비행사였다. 이 소설에서 그는 '난다는 것'(비행)을 통해 자유와 자아실현에 대해 말한다. 이 소설은 하늘을 나는 자만이 할 수 있는 이야기다. 여기서 리차드 바크가 말하는 비행은 공간을 관통하는 비행이 아니다. 갈매기 조나단의 하늘은 자아를 완성하는 공간이다. 집단의 목적은 개인적 자아와 상충한다. 조나단은 무리에게 쫓겨남으로써 자아를 향해 나아갈 수 있었다. 이 소설은 '히피들의 성서'라는 평가를 받는다. 우리에게는 〈갈매기의 꿈〉 혹은 〈갈매기 조나단〉으로 소개되었다. 작은 책자라 쉽게 볼 수 있다. 영어 공부하는 이들이 교재로 사용하기도 한다. 참! 생텍쥐페리도 조종사였다.

소로우 오두막에서 본 월든 호수 ⓒ김진묵

우리들 본연의 모습은

많이 일그러졌다. 제도 혹은 관습이라는 새장 속에서 자유를 그리워하지만 자유는 주어지지 않는다. 결국 새장의 안정에 길들여진 채 서서히 죽음을 향해 나아간다.

그럼에도 내겐 나만의 믿음과 확신과 예견이 있다. 이 예견 속에서 나의 삶은 타오르고 있다. 아니 소진되고 있다. 허공에 섬광을 뿌리며 타고 있는 것은 나의 생명이다. 그러나 나의 불꽃이 비추이는 것은 내가 원하는 것이 아니다. 황금 새장을 위해 삶을 허비할 수는 없다.

소로우(Henry David Thoreau 1817 - 1862)가 월든 호숫가에서 본 것은 무엇이었을까? 호숫가의 물오리나 농어 떼들처럼 생존에 필수적인 사실에만 직면함으로써 삶을 낭비하지 않고 최대한 끌어안으려는 자기성찰이라고 했다.

●

내 나이 서른일곱이던 해 가을

내게 물었다. 그대는 어떠한 삶을 살고 싶은가? 잘 모르겠고 우선은 쉬고 싶습니다. 누가 쉬지 말라고 말리던가? … 그래, 일단 쉬고 보자. 우선 잠을 실컷 자고 … 아냐, 갑자기 생활의 변화가 오면 병이 나는 수도 있으니까 우선 여행을 가자. 인도에도 가보고 아프리카에도 가보고 월든 호수에도 가보자. 만약에 살기 좋은 곳이 있다면 그곳에서 살자. 살다가 재미없으면 재미있는 곳으로 가면 되고 … 순간, 하늘에서 동아줄이 내려오는 것을 보았다.

눈앞에서 설렁설렁 춤추는 동아줄의 유혹은 컸다. 누가 내려주는 동아줄인지도 모르면서 망설이지 않았다면 거짓말이다. 두려움도 만만치 않았다. 모든 것이 내 생각대로 흘러가지는 않겠지 … 예측할 수 없는 사고야 항상 있는 것이니까 감수하면 된다. 가난 역시 쉽게 예측할 수 있으니 태연하게 대처할 수 있을 것이다. 두려운 것은 내 생각대로 흘러가지만은 않으리라는 … 그러니까 내 생각과 정반대로 흘러갈지도 모르는 불확실성이다.

나는 재미있게 살고 싶을 뿐이다. 무엇을 크게 이루거나 누구에게 잘 보이고 싶지도 않다. 그렇다고 특별한 삶을 원하는 것도 아니다. 자유롭다는 것은 돌아올 수도 있다는 것이다. 소로우는 2년 2개월 후에 호숫가 오두막을 뒤로 했지만 스코트 니어링(Scott Nearing 1883 ~ 1983)은 돌아오지 않았다. 도연명(陶淵明 365 ~ 427)은 마흔한 살에 관직을 버리고 낙향, 예순두 살에 생을 마감했다. 생존방식은 선택할 수 있다. 그렇다. 바람이 없으면 바람개비를 들고 달리면 된다.

스코트 니어링이 만년을 보낸 메인의 집 ⓒ김진묵

●

중학교 2학년 때 단체로 영화 구경을 갔다

리차드 위드마크, 헨리 폰다 등 기라성같은 배우들이 총출연하는 대작 〈서부개척사〉(How the West was Won 1962)였다. 백인들이 서부를 개척하던 당시의 무용담이 재미있는 영화였다. 백인들이 놓은 철도를 인디언들이 들소 떼를 몰고 와서 공격하는 장면은 압권이었다. 극장 맨 앞 좌석에서 화면을 바라보고 있으니 기차가 달리는 장면은 내가 직접 기차를 타고 달리는 것 같다. 들소 떼가 달려올 때는 내가 깔려 죽는 줄 알았다.

영화에 소개된 많은 일화 가운데 한 도막-. 백인들 마을에 무슨 문제가 생겼다. 이 문제로 주민들이 모여 회의를 하는데 해결방도가 없다. 이때 누군가 제안을 한다. 로키산에서 혼자 사는 아무개에게 이 문제를 의뢰하면 풀릴 수도 있지 않을까? 그래, 그는 남북전쟁에서 커다란 공을 세우기도 한 인물이니 이 문제를 해결할 수 있을 거야. 그러나 이미 속세를 떠나 마을 일에는 관심이 없으니까 도움을 주지 않을 거야. 그래도 부탁은 해보자. 이렇게 해서 젊은 기병 중위가 말을 타고 로키산을 오른다. 산등성이에 혼자 사는 아무개의 통나무 오두막 … 문은 열려있는데 사람이 없다. 중위가 그를 기다리는데 열려있는 문으로 누군가 들어온다. 말 울음소리가 들리기에 사람이 온 줄 알았다며 오두막으로 들어서는 사람은 헨리 폰다였다. 중위는 동네 사정을 이야기한다. 헨리 폰다는 거절한다. 그러나 결국 같이 하산한다. 어린 나는 그 오두막을 보며 나도 이다음에 커서 저런 곳에서 살고 싶다는 생각을 했다. 아무도 없는 산속, 외출할 때 문을 잠그지 않아도 되는 곳, 싫어하는 공부를 하지 않아도 되는 곳에서-.

●

너무나도 하고 싶은 것이 많구나!

버드나무 다섯 그루 심고
오두막 짓고
벽난로 만들고
사다리로 오르내리는 나무 위 방 만들고
먹거리 자급에 술도 빚고
셰익스피어와 사기(史記) 다시 보고
가톨릭 금서 모두 보고
판소리, 산조, 오페라 모두 들어보고
새로운 악기도 만들어 보고
바둑 공부도 좀 해서 창선이 녀석 한 두어 점 깔게 하고 낮잠 밤잠 늦잠 여행은 기본일 터이니 …
잠깐! 직장생활보다 더 바빠지는 거 아닐까?
참! 무인도에서의 생활도 재미있겠다.

어렸을 때 나를 사로잡았던 〈로빈슨 크루소〉와 〈15소년 표류기〉가 생각난다. 어린 내게 그 생활이 얼마나 자유롭게 느껴졌던가. 그러나 그것이 현실이라면 외롭지 않을까? 위험하지 않을까? 설마 40대 사망률이 제일 높다는 도시보다 위험할라고?

●

어딜 가나 쓰라린 이야기뿐이다

이 비극은 바보들이 빚어낸 서글픈 희극일 수도 있다. 비극이든 희극이든 우리들의 삶이 많이 일그러져 있다. 초등학교 4학년 때 부잣집 아이를 선호하던 선생님이 가난한 집 아이 둘이 서로의 뺨을 때리는 벌을 주기도 했다. 못사는 집 아이를 슬리퍼로 때리는 광경도 우리 모두 보았다. 도둑질하지 않은 아이를 도둑으로 단정하고 개 패듯 패던 선생님에 대한 기억도 있다. 진급이 하고 싶어 동네 젊은이를 범인으로 몰아가는 수사집단을 보았다. 짜증 난 판사가 어린아이 인생을 망가뜨리는 것도 보았다. 그 모습들이 우리의 일상이라고 생각지는 않는다. 아니 그들의 일상일지 몰라도 나의 일상이고 싶지는 않다. 내리는 빗속에서 내게 물었다. 어디에 갔었느냐? 무엇을 보았느냐?

안개 낀 산속에서 방황했었다. 어두운 숲 가운데 서 있었다. 늑대의 귀여운 새끼들을 보았다. 보석으로 뒤덮인 한길을 보았다. 빈 물레를 잡고 있는 요술쟁이를 보았다. 비 오는 밤에 천둥소리를 들었다. 세상을 삼킬 듯한 파도 소리를 들었다. 성모 앞에 속죄하는 기도 소리를 들었다. 물에 빠진 시인의 노래를 들었다. 소낙비가 끝없이 내리고 있었다. 나는 비를 맞으며 서 있었다.

눈을 감고 내 속을 들여다본다. 저 밑바닥에 두려움이 자리 잡고 있다. 두려움의 씨앗에서 욕망의 나무가 자라고 있다. 욕망이 없다면 정체될 우려가 있고 두려움이 없다면 눈이 멀 수 있다. 욕망은 엔진이고 두려움은 핸들이다. 그 사이의 긴장이 삶을 빚어 낸다.

양 날개의 균형만 맞으면 날 수 있다. 야성과 지성의 날개 … 상반된 그러나 서로 보완적인 두 개의 날개 말이다. 나는 추방된 조나단의 바닷가 절벽을 생각했다. 기병 중위가 찾아간 오두막도 떠올랐다. 얼핏 파랑새 한 마리가 구름 속으로 숨는 것을 보았다. 삶은 진행되고 있는데 무엇 때문에 보류한단 말인가? 나는 떨리는 손으로 동아줄을 잡았다.

새가 되어 하늘을 날지 않는 것보다
큰 치욕이 있을 수 있을까?
너희들이 있을 곳은 새장 속이 아니다
훨훨 날아라

- 제 2 부 〈숲 속의 오두막〉 중에서

제 2 부
숲 속의 오두막

봄의 제전

꽃향기가 날아왔다

산을 메라고 한다

메가 둘이면 골이 있다. 두메산골이다. 골은 항상 짝을 이룬다. 산골짜기다. 이곳 메와 골에는 새벽이 있고 한낮이 있고 밤이 있다. 새들이 지저귀는 아침과 달뜨는 저녁이 있다. 봄 여름 가을 겨울이 있다. 반면, 요일이 없다. 매일이 똑같으며 매일이 다르다. 닭 울음소리로 어둠과 안개가 걷히며 하루의 예배가 시작된다.

꼬끼오! 멀리 수탉이 홰치는 소리에 눈을 떴다. 새들이 지저귀기 시작한다. 남아있는 어둠을 헤치고 뒷산으로 올랐다. 안개바다 위에 붉은 기운이 돌고, 청색이 감도는 잿빛 하늘에서 별들이 지워지고 있다. 실루엣으로 흐르는 산의 맥 … 멀리 산과 들을 먹고 자란 강이 댐에 막혀 거대한 호수가 되었다. 호수 건너 산 뒤에 맥이 다른 산이 흐르고 그 뒤에 또 다른 산이 흐르고 그 뒤에 또 다른 산이 흐른다. 이슬에 반사되는 태양빛 … 부산스러운 새들의 움직임-. 박새 떼가 나무 위 매의 눈길을 피해 지표를 날고 수리는 고공에서 선회하고 있다. 멀리 나의 오두막이 보인다.

어머니의 양수처럼 나를 감싸고 있는 느낌 … 투명하고 밀도 높은, 아니 밀도라고는 없는 이것은 무엇일까. 눈과 코로 들어오는 기운 … 귀로 들어오는 느낌은 눈을 감으면 증폭된다. 이 기운 속에서는 잠을 자도 좋고 깨도 좋다. 서도 좋고 앉아도 좋고 누워도 좋다. 배가 고프면 맛있는 음식을 먹을 수 있어서 좋고 배가 부르면 느긋해서 좋다. 아침이면 방안 깊숙이 들어오는 햇살-. 아랫목 이불 속에서 태양을 응시한다. 그 밝음이 좋다. 투명한 기운 속 게으름이 좋다.

170년 되었다는 허름한 농가 … 원래 화전민이 살던 초가집이었는데 군사정권 시절 새마을 운동의 일환으로 슬레이트 지붕으로 바꾸었단다. 이농 현상으로 오랫동안 빈집으로 방치되었던 집 … 부엌 아궁이에 불을 때면 안방 구들이 더워지는 전형적인 우리네 시골집 형태.

많은 식구가 살았는지 안방은 가운데를 막아 방을 두 개로 만들었다. 건넌방, 마루, 부엌, 광, 외양간 한 채 그리고 멀리 밤나무 동산 앞에 함석으로 만든 뒷간 … 뒷간은 아궁이에서 나온 재를 쌓아두었다가 똥을 눈 후에 재를 덮어 한쪽 구석에 차곡차곡 쌓아놓는 시스템. 이 똥들은 이듬해 봄에 밭으로 간다. 이 시스템이 인류가 개발한 똥 처리 시스템에서 가장 우수해서 유엔의 권장사항이라고 들었다. 자원 재활용이라는 점에서 우수한 시스템인 것은 맞지만 유엔에서 권장한다는 것은 믿어지지 않는다.

'김씨, 어느 방을 써유? … 그래유. 건넌방이 꽤 크지유? 그 방에서 누에를 쳤었어유. 먼저 살던 사람이 누에를 치려고 건넌방을 크게 만들었지유.'

아랫집 어르신 말씀이다. 아랫집이라해도 한참을 걸어 내려가야 하지만 … 어쨌든 집 전체 밸런스에 비해 건넌방이 큰 이유를 알았다.

나무를 심고 텃밭을 가꾸며 집수리를 하는 것으로 산간마을 숲 속에서의 생활을 시작했다. 연장을 구입하고 목재와 시멘트 등 자재를 지게로 지어 날랐다. 벽을 헐어 유리창을 달고 벽난로를 만들고 구들을 새로 놓았다. 담도 없고 문에는 잠금장치도 없다. 사람들이 걱정한다.

'괜찮아요? 뭐라도 없어지면….'

나는 걱정하지 않는다. 나를 방문하는 동물과 벌레들의 지성을 믿기 때문이다.

●

무섭지 않아요?

누군가 묻는다. 어둠과 귀신에 대한 이야기다. 밤은 해가 지구 반대편에 있어서 생긴 현상이고, 어둠은 빛이 없는 것이다. 지구의 자전으로 해가 돌아오면 밤은 사라지고 어둠이 물러난다. 귀신은 뇌(腦)라는 폐쇄회로 안에서 일어나는 특이한 인지현상이다. 정신과에서는 귀신을 환시(幻視)라고 한다. 자연현상과 누군가의 뇌에서 일어나는 특이한 인지현상과 나의 공포와는 아무런 연관이 없다.

내가 살면서 경험한 것 가운데 가장 무서운 것은 안전사고다. 이어 무지, 탐욕, 불합리한 사회제도 등이다. 이곳은 무서운 곳이 아니다. 사람들이 사는 도시가 무섭지-.

깊은 밤, 마당에서 웅성웅성 어수선 … 군중 소리가 난다. 주뼛! 머리가 선다. 아주머니들의 목소리도 들린다. 아니 이 깊은 밤, 이 산속에 어인 아주머니들인가 … 사막의 신기루는 열로 인한 빛의 굴절 현상으로 먼 곳의 영상이 왜곡되어 보이는 것이다. 지금 이 상황은 영상이 아니라 음향이다. 문을 열고 내다본다. 한복을 입은 아주머니들이 어두운 마당을 지나 옥수수를 수확하고 난 빈 밭으로 스며들고 있다. 한 분은 검은 머리가 치렁치렁 엉덩이까지 내려온다. 어둠 때문인지 무릎 아래가 보이지 않는다. 떼 귀신인가? 처녀 귀신은 혼자 다니는데 아주머니 귀신은 몰려다니나? 옥수수를 벤 자리는 날카로운 죽창을 땅에 꽂아 놓은 듯해서 넘어지면 끝장이다. 방에서 플래쉬를 들고나와 그들의 앞길을 비춰준다 … 으응 플래쉬를 비춰주네-. 아주머니 한 분이 중얼거린다. 어둠 속으로 사라지는 한복들-.

새벽 1시 … 막 잠이 드는 순간, 차앙! 난데없는 바라와 꽹과리 소리-. 아이 놀래라. 도대체 무슨 일이냐? 아주머니 귀신들이 산신제를 지내는 모양이다. 하필이면 이 야밤에…. 무언가 소원하는 일이 있겠지-. 설이 지난 지 얼마 되지 않았으니 새해의 사업, 무병장수 이런 것이겠지. 아무리 그래도 춥지도 않은가? 촛불을 켜 놓았을 텐데, 불조심 부탁합니다.

●

봄은 바람과 함께 온다

바람은 잠자는 대지를 간질이는 여신이다. 아직 바람이 찬데 온 하늘에 가득 찬 새소리-. 겨울의 죽음은 봄을 위한 것이다. 비가 겨울의 흔적을 지운다. 정화된 땅에 가을에 잉태된 생명이 태어난다.

따따따따 따르르르…. 이른 아침에 누가 산속에서 나무를 두드리나? 또 따따따따 … 어른 두 아름보다도 큰 커다란 밤나무에 딱따구리가 붙어서 부리로 밤나무 껍질을 쪼고 있다. 다른 새들은 목청으로 우는데, 딱따구리는 부리로 나무를 쪼아 소리를 낸다. 녀석은 나무껍질에 충격을 주어 그 속에 있는 벌레를 먹는다. 녀석은 나무를 보기만 해도 어디에 어떤 벌레가 있는지 알겠지. 따따따따 따르르르 … 경쾌한 나무 소리가 차가운 산중에 메아리 친다.

부스럭! 데굴데굴 … 마른 낙엽이 뒹구는 언덕에서 주먹만 한 똥 덩어리가 굴러떨어진다. 똥 덩어리는 조금 움직이고 스톱! 꼼짝 않고 있다가 잠시 후 조금 움직이고 스톱, 꼼짝 않고 있다가 또 조금 움직인다. 동면에서 깨어난 두꺼비가 연못을 찾아가는 중이다. 겨우내 움츠렸던 근육이 풀리기를 기다리는 것인가. 조금씩 움직여 연못으로 간다. 부스럭-, 저쪽 낙엽 사이에서 또 한 마리가 굴러떨어진다.

늦잠을 자는데 남쪽으로 난 창에 햇살이 가득하다. 문을 여니 아직 차가운 봄기운이 방안으로 들어온다. 마당으로 나선다. 손님이 오셨다. 홀로 있는 산속에 찾아온 손님 … 여린 풀잎 위의 작은 손님, 쌀알보다 작은 빨간 꽃. 개나리는 아직도 자는데 버드나무 속살이 파스텔톤으로 나온다.

와장창! 화창한 봄기운이 창문을 부수고 들어온다. 눈부신 태양과 지저귀는 새소리에 온 세상이 떠들썩하다. 봄이 오는 것에 동참하라는 새들의 유혹 … 이불을 박차고 마당으로 나왔다. 태양 빛이 요란스레 온 누리에 쏟아지고 있다.

뒷짐을 지고 밤나무 동산 아래 연못가로 내려간다. 대지에 가득 찬 맑은 기운에 눈을 똑바로 뜰 수가 없다. 신발이 이슬에 젖는다. 봄이 꿈틀대며 수면 위로 피어오르고 있다 … 아! 좁쌀 크기의 노란 꽃이 피었다. 노란 꽃이 수천, 수만 … 아니 온 누리에 가득하다. 내가 그 꽃들을 밟고 연못을 거닐고 있다. 작은 알약 크기의 잿빛 나비가 꽃에 앉아 꿀을 빨고 있다. 꽃은 환희에 젖어 몸을 떤다. 나비를 통해 오르가즘에 든 꽃이 비명을 지른다. 옴마야! … 세상은 내가 생각했던 것보다 천 배나 만 배나 아름답다. 오! 아부지 … 나는 무릎을 꿇는다.

새들의 노랫소리가 온 천지에 가득하다. 꽃 잔치도 벌어졌다. 새가 몇 마리인가. 눈을 감는다 … 한 마리, 두 마리 그 옆에 서이, 너이 저기 … 아홉, 열 … 또 저기 … 열다섯 열여섯 … 나무 위에 스물둘 스물셋 스물넷 … 옆 나무에 마흔하나, 마흔둘 … 저쪽 나무에 쉰일곱, 쉰여덟 … 동산에 … 동산 옆에 동산 밑에 동산 너머 … 백 천 만 … 온통 새소리다.

모든 것이 고맙다. 태양, 달, 바람, 나무, 새, 벌, 나비 그리고 꽃과 뱀까지 … 그들이 있으므로 비로소 천국이다. 낙타를 타고 바늘귀를 통과한 것인가. 누군가 내게 묻는다. 외롭지 않으세요?

●

신에게 바쳐진 여인이 춤을 춘다

춤추던 여인이 지쳐서 쓰러진다. 제사장은 쓰러진 여인을 칼로 찌른다. 여인의 피를 제단에 바친다. 스트라빈스키의 〈봄의 제전〉은 원시적 생명력이 가득 찬 무용곡이다.

학기 초, '한 학기 동안 힘들지 않게 해주십시오'하는 제사가 있다. 중학교 3학년 신학기, 토요일 오전 3교시 … 화창한 봄날 … 축복인 듯 창밖에는 진달래가 만발했다.

교탁 아니 제단 위에 올라가 무릎을 꿇었다. 120여 개의 눈동자가 나를 바라본다. 여러 가지 느낌의 눈동자들 … 나는 눈길을 줄 곳이 없어서, 슬며시 웃었다. 선생님도 웃으셨다.

'여러분들 이 학생을 잘 보세요. 여러분들은 이제 중학교 3학년입니다. 이제 고등학교 입시를 치러야 할 대사를 남겨놓고 어쩌구 … 나는 스승으로서 여러분들을 사랑하기 때문에 많은 학생들을 좋은 고등학교에 진학시켜야 하는데 … 또 선생님으로서 사랑하는 제자들을 위해 … 깨끗한 학교를 … 그

래서 … 쓰레기를 제거하는 것입니다. 우리가 제거해야 할 쓰레기는 지금 교탁 위에 있습니다.'

급우들에게 자신이 폭력을 휘두를 수밖에 없는 것에 대한 브리핑인데 … 이는 여러분 모두를 위한 것이라는 결론이다. 아무도 그 결론에 대한 이론이 없다. 모두 조용하다. 선생님의 뒷짐 진 손에 40cm 정도 되는 박달나무 몽둥이가 보인다. 꼴깍! 어디선가 침 넘어가는 소리가 들린다. 남들은 의자에 앉아 있는데 나는 교탁 위에 혼자 무릎 꿇고 앉아 있는 것이 어색하기도 하고, 급우들 모두 긴장해 있는데 나는 별로 긴장되지 않는 것에 자꾸 웃음이 나온다. 이 웃음이 선생님의 심기를 건드리면 좋을 것 없다는 생각에 고개를 숙이고 웃었다.

'그러니, 여러분 잘 봐 두시기 바랍니다.'

교실 중간쯤에서 뒷짐을 지고 말씀하시던 선생님께서 뒤돌아 오셔서 내게 속삭인다.

'손을 위로 들어라. 무슨 일이 있어도 손을 내리면 안된다. 잘못하면 손가락 부러진다. 잠깐이면 된다.'

금방 끝날 일이라는 말씀-. 잠깐 동안 손 안 내리는 거야 어렵지 않으니까 … 다시 히죽 웃음이 나온다. 근데 무슨 일인지는 모르지만 잘못하면 손가락 부러질지도 모른다는 말씀이 마음에 걸린다. 선생님 표정이 고요하다.

길이 40cm, 지름 3.5cm 정도 굵기의 박달나무 몽둥이 … 그 몽둥이는 중학교 일학년 때부터 봐왔다. 한 번도 우리 반을 가르치신 적은 없지만, 수업하러 가시거나 끝나고 오실 때 출석부 옆에 끼고 다니시는 박달나무 … 그 박달나무 몽둥이로 인해 선생님은 우리 학교에서 유명하시다.

그 박달나무가 허공으로 솟더니 내 오른쪽 무릎관절과 부딪혔다. 아야! 순간 너무 아파서 그 부분을 손으로 감싸려는데 '어, 어 손 치워라, 손가락 부러진다.' 딱! 으앗! 같은 자리다. 그것도 모르고 손을 댈 뻔했다.

깡! 공명이 좋다. 이번에는 왼쪽 무릎관절이다. 아고… 깡! 왼쪽 팔꿈치관절, 다시 깡! 무릎관절에서 팔꿈치관절로 올라갔다. 그리고는 다시 왼쪽 무릎관절, 다시 팔꿈치관절 2대, 오른쪽 관절 … 아이구야! 나는 너무 놀랐다. 설마, 이렇게 아플 수가 있다니. 지금까지 맞아 본 것 중에서 제일 아프다. 선생님께서 나의 골격 구조 가운데 관절만을 찾아 아주 버라이어티하게 치신다. 상상을 초월하게 아프다. 타악기를 연주하듯 … 깡! 까무라치겠다.

삐져나오는 웃음을 참으며, 잠시 후에 어떤 상황이 벌어질까 궁금하고 무섭기도 해서 몇 가지 상상을 해봤지만 이건 시작부터 완전 딴판이다. 워밍업도 없고 바로 시작이다. 난 준비가 안 되어 있는데 일방통행이다. 깡!

박달나무가 따뜻한 피가 흐르고 있는 사람 가죽으로 포장된 뼈다귀와 강한 힘으로 충돌할 때 어떠한 소리가 날까? 오랜 세월 숙련된 마스터가 두드리는 소리 … 평생 마차 바퀴를 만들어온 노인이 마차 바퀴를 대하듯 … 위대한 마스터가 박달나무 스틱으로 사람의 뼈로 된 북을 두드린다. 마스터의 손놀림은 가볍다. 그는 춤을 추며 북을 두드린다. 깡! 맑고 냉랭한 기운을 가진 소리-, 긴 여운을 가진 소리는 아니지만 약간의 공명을 가진 맑은 소리가 교실에 울려 퍼진다.

오랜 세월, 태양 아래서 땅의 기운을 먹고 자란 박달나무-. 단단하다고 소문난 박달나무 가운데 잘생긴 가지 하나를 꺾어 정성껏 다듬어 만든 스틱. 마스터는 이 사랑스러운 스틱에다 사랑스러운 이름을 주었다. '사랑의 매' 그리고 그들은 멋진 조화를 이루었다. 판소리 북을 친다면 넉넉할 것 같은 스틱이 춤을 춘다.

아니 이럴 수가! 난생 이렇게 아픈 건 처음이다. 정신이 확 나는 게 정신이 하나도 없다. 손가락 조심해가면서 얼마나 맞았을까? … 열여섯 열일곱 … (손가락이 방해되어서 잠시 공백) … 열여덟 … 열아홉 … 스물 … 스물하나 … 스물둘 스물셋 … (클라이막스로 가기 위한 짧은 휴식) … 스물넷 스물여섯 스물아홉 … 템포도 빨라지고 파워도 좋아진다. 그리고 몇 차례인가 더 있고 … 정신이 가물가물해지는데 '어어, 손가락 부러진다'는 소리에 정신이 든다.

정말 손가락 부러질 뻔했다. 나도 모르게 몽둥이가 떨어지는 곳마다 손이 가는 것이 아닌가. 서른두울 서른서이 … 정신이 혼미해지기 시작하며 손가락 같은 건 부러져도 상관없다는 생각이 든다. 이제는 선생님께서 손가락을 피해 두드리신다. 잠시 후, 내가 한계에 있음을 눈치채고 잠시 휴식-. 선생님께서 뒷짐을 쥐고 말씀을 하신다. 나는 뒤에서 선생님을 본다. 사랑의 매로 자신의 등을 톡톡 치며-.

'여러분들도 아시다시피 이 시간은 자연계에서 생명을 가진 존재에 대해 공부하는 시간입니다. 그리고 나는 여러분에게 생물을 가르치는 선생님입니다. 나는 … 어쩌구저쩌구 … 생물선생님이기 때문에 생물인 인간의 구조에 대해서 잘 알고 있으니까 물론 이번 학기 여러분들 교과과정에도 있지만, 나는 사람의 몸에 대해서 잘 알기 때문에 멍멍 컹컹 으르릉 … .'

결국, 선생님 말씀은 이 학생이 병신이 되거나 팔이나 다리를 못 쓰게 되지 않으니 너무 걱정하지 마시라는 것이다. 순식간에 이렇게 개떡을 만들어 놓고 몸 걱정까지 해주신다 … 그리고 두 손을 양쪽 귀로 가져가 머리를 이리저리 돌리신다. 끼리릭 끼릭 … 몸통에서 얼굴 아니 머리를 뽑아 맨 앞줄 낙형이 녀석 책상 위에 내려놓으시고는 양복 상의 안주머니에

숲 속의 오두막 237

서 하얀 창호지로 만든 동그란 탈을 꺼내더니 머리가 있던 자리에 장착한다. 창백한 탈에 뚫어진 두 개의 눈구멍이 묘한 느낌을 준다. 얼핏 붉은빛 도는 눈동자가 보인다. 민속적인 탈의 표정은 무섭기도 하고 우습기도 하다. 다행히 삐딱하게 그려진 눈썹이 두려움을 지워준다. 창백한 탈이 일곱 개의 금촛대에 불을 켠다.

마지막 살풀이가 시작되었다. 나는 원시적 생명력이 가득 찬 춤을 추기 시작했다. 정신이 가물가물해진다. 책상에 앉은 아이들 모두 떠올라 허공에서 회전하더니 천정에 거꾸로 붙었다.

눈앞에서 흔들리는 장삼자락 … 탈을 쓴 제사장의 몸놀림은 가볍다. 나는 하늘을 우러러 제사장의 몸놀림에 반응한다 … 서서히 먹먹해지더니 천정의 아이들 모습이 소용돌이치기 시작했다. 아득히 환호가 들려왔다. 꽹과리를 치는 녀석도 있다. 제사장이 태양을 향해 커다란 칼을 양손으로 받쳐 들고 주문을 왼다. … 중얼중얼 울퉁불퉁 얄라리얄라 … 커다란 칼날에 태양 빛이 반사된다. … 중얼중얼 울리불리 다이나마이트 … 누군가 날라리를 분다. 삘릴리~♪ 갸우뚱 삐딱한 눈썹이 다가온다. 장삼자락이 눈앞에서 소용돌이친다. 소용돌이가 파열된다. 스으으윽 단전으로 칼이 들어온다. 뚝!

정적이 감돈다. 거대한 평온이 내 몸을 휘감는다 … 지잉!

… 누군가 징을 친다. 어디선가 꽃향기가 날아왔다 … 꽃향기 … 익숙한 꽃향기 … 신성한 이 제사는 매 신학기 초 그가 맡은 반마다 치러졌다. 우리는 이 제사를 '시범케이스'라 부른다.

●

내일 간다고?

'진우도 가냐? 그럼 닭이라도 한 마리 잡아먹자.'

방학 때마다 시골 큰집에서 만나는 호잉이와 봉주가 못내 아쉬워하며 회식을 제안했다. 진우는 동갑내기 사촌이다. 이번 겨울방학이 끝나면 여름방학이 되어야 볼 수 있다. 곧 3학년이 될 터이니 대학입시 때문에 못 볼지도 모른다.

우리는 밤이 이슥하여 동네 어귀 빈집에 모였다. 화투를 치다가 밤이 깊어지자 옷들을 껴입고 길을 떠났다. 대낮같이 환한 달밤-. 마을 어귀 상엿집을 지나는데 호잉이 녀석이 '만약에 들키면 뿔뿔이 흩어져 튀고 나중에 이 상엿집에서 만나자'고 한다. 이른바 작전지시다.

우리는 난골을 지나 장실리로 갔다. 난골을 지나친 것은 이 동네에는 개가 많기 때문이다. 은밀성을 위해서도 옆 마을보다는 좀 먼 곳이 좋다. 장실리에 도착한 호잉이 녀석은 어느 집 어디에 닭이 몇 마리 있는지 훤히 꿰뚫고 있다. '여기서 잠깐 기다려라.' 호잉이와 봉주가 어둠 속으로 사라지더니 잠시 후, 닭 두 마리를 들고 나타났다. 죽은 닭을 들고 대낮처럼 환한 논둑길을 낄낄거리며 난골을 지나 마을로 돌아오는데-.

'이상하다! 난골 개들이 짖지를 않네?'

봉주 녀석의 말이다. 호잉이 녀석이 맞장구를 친다.

'이 동네 닭도 갖다 먹으라는 말인가벼.'

우리는 난골로 발길을 돌렸다. 호잉이 녀석이 익숙하게 난골의 맨 윗집으로 간다. 녀석이 죽은 닭을 진우와 나에게 한 마리씩 건네주며 만약에 걸리면 진묵이 너는 이 뒷산을 넘어 마을로 가라. 진우는 이쪽으로 튀고 알았지? 그리고 상여집에서 만난다. 시나리오 점검을 마친 호잉이와 봉주 녀석이 달빛 훤한 마당으로 들어섰다. 우리는 집 밖의 토담에 기대어 사태를 주시하고 있다.

'끼릭 끼릭'

닭장의 철사를 끊는 소리가 들린다. 그때 방안에서 굵은 남자목소리가 들린다.

'여보, 밖에서 무슨 소리가 나는데 당신 한번 나가봐.'

'무슨 소리가 난다 그래요. 당신이 나가보세요.'

철사를 끊던 녀석들이 주춤! 닭장 처마 밑 어둠 속으로 밀착 … 고요가 흐른다. 잠시 후, 다시 끼릭 끼릭 철사 끊는 소리가 들린다. 아까보다도 훨씬 작은 소리다. 녀석들 사태가 좋지 않으면 그냥 물러날 것이지-.

'여보 나가보라니깐.'

남자의 짜증 섞인 목소리에 방안의 등잔불이 켜지더니 방문이 열리며 여인이 나온다. 진우 녀석과 나는 토담에 붙어서 사태를 지켜본다. 녀석들은 달그림자의 어둠 속에서 꼼짝도 않고 있다. 여인이 마루 밑 댓돌의 고무신을 신고 막 일어나는 순간, '왁!' 어둠 속에서 튀어나온 두 개의 그림자가 여인을 덮친다.

'아이쿠머니!'

여인이 그 자리에 털썩 주저앉는다.

'튀어!'

짠자자 자잔♪ 바그너의 〈말달리는 발퀴레〉(Ritt der Walküren)가 흐른다. 영화 〈지옥의 묵시록〉(Apocalypse Now)에서 미군 헬기부대가 베트남 아녀자들을 죽이러 가는 장면에서 나오는 경쾌하고 힘찬 음악이다. 헬기에서 네이팜탄을 쏜다. 아이들이 불에 타고 여인들이 쓰러진다. 나는 뛰기 시작했다. 길도 없는 뒷동산을 슬로비디오로 오르기 시작했다. 네발로 가랑잎이 두텁게 쌓인 산을 정신없이 올랐다. 개들이 짖는다. 동네가 시끄러워지기 시작하더니 잠시 후 사이렌이 울린다. 상황이 커진 것이다. 마을에서 들려오는 소란한 소리-. 저런! 예비군을 동원한다. 당시는 향토예비군이 창설된 지 얼마 되지 않은 시기였다.

정신없이 산등성이를 오르니 내리막이 나타난다. 내리막을 내려가니 마을에서 들려오는 소란한 소리가 작아진다. 개들의 소리도 작게 들린다. 아냐! 이렇게 무작정 뛸 것이 아니라 조용한데 숨자. 숨는 것이 더욱 안전할 것이다. 나는 숲 속 소나무 그늘 밑에 숨었다. 마을에서 계속 들려오는 개소리와 동네 사람들이 분주히 오가는 소리-. 어? 진우 녀석이 잡혔다. 동네 청년들이 패기 시작한다. 녀석이 울면서 묻지도 않았는데 불기 시작한다.

'가랫골에서 왔는데요. 잘못했어요.'
'이 자식 이거 진철이네 사춘 아냐?'
'맞아. 이 스키 서울 놈이야.'

녀석이 또 맞는다. 이제 어떡한다? 겁이 나기 시작했다. 나는 땅이 움푹 파진 곳의 커다란 바위 뒤에 몸을 숨겼다. 잠시 후, 가만히 보니 달이 움직이며 내가 달그림자 밖에 있다. 나는 다시 소나무 그림자로 몸을 숨겼다. 정말 숨도 안 쉬고 꼭꼭 숨었다.

'어? 공동묘지잖아?'

정신을 차리고 둘러보니 내가 공동묘지 한가운데 있다. 이곳이 공동묘지라는 것을 알고 나니 오히려 안심이 된다. 이곳은 안전하리라는 생각 때문이다. 새벽 2시는 되었겠다. 어? 내가 아직도 죽은 닭을 들고 있다. 녀석들이 얼마나 심하게 비틀었는지 모가지가 떨어져 나가고 없다. 개들은 계속 짖고 진우 녀석은 계속 터지고 있다. 자! 이제 내일 날이 밝으면 문제구나. 집안 어른들에게 야단맞을 생각을 하니 죽을 맛이다.

내일은 내일이고 지금이 문제다. 마을 청년들이 개를 풀고 저 난리를 치니-. 닭서리 좀 한 것 가지고 인심 좋은 시골에서 이거 너무한 거 아냐 … 어? 내가 다시 달빛에 노출되어 있다. 급히 몸을 숨겼다. 겨울밤, 공동묘지 가운데 숨어있는데도 도망치는 몸이라 추운지도 모르겠다.

두 시간은 족히 지났다. 새벽 4시는 넘었겠다. 개 짖는 소리가 잔잔해지며 마을이 조용해졌다. 지금쯤 진우 녀석은 어떻게 되었을까? 묶여있을까? 호잉이와 봉주는 무사할까? 조금 더 숨어 있자. 달이 기운 것으로 보아 새벽 5시는 넘었겠다. 사방이 고요하다. 공동묘지가 나를 살려준 것이다. 나는 조심스럽게 몸을 일으켜 움직이기 시작했다. 산세를 보고 대충 방향을 잡아 길도 없는 산을 넘어 마을로 향하는 논둑길로 들어섰다. 상엿집이 보인다. 뻐꾹! 뻐꾹! 신호를 보내도 아무런 기척이 없다. 상엿집의 문을 열고 보니 운구하는 꽃가마만 있고 아무도 없다. 모두 붙잡히고 나만 튄건가? 이거 큰일이네-. 태산 같은 걱정을 안고 터덜터덜 마을로 들어서는데 아차! 고목나무 밑에 일단의 사람 그림자가 있다. 건장한 사내들이다. 달이 밝아 몸을 숨길 곳이 없다. 돌아서 튀려는데-.

'진묵이냐?'

호잉이 목소리다. 반가움이 앞선다.

'야, 우린 니가 잡힌 줄 알았어. 도망 나왔냐?'

다가가니 봉주는 물론 진우 녀석도 있다. 어라? 이 녀석이 붙잡혀서 막 울고불고했는데-.

'야, 우린 벌써 닭 다 삶아 먹었다.'

녀석들은 내가 들고 있는 목 없는 닭에도 관심을 보인다. 우리는 다시 애초에 모였던 빈집으로 가서 닭을 삶아 굵은 소금을 찍어 먹었다. 나는 진우 녀석을 바라보았다. 이 녀석이 분명 잡혀서 울고불고 했는데-.

이튿날, 녀석들과 작별하고 버스 타러 장실리로 갔다. 대합실로 쓰는 구멍가게에서 버스를 기다리는데 동네 아주머니들이 어제 장실리와 난골에 닭 도둑이 들었다는 말씀을 나누신다. 묵묵히 바닥을 내려 보는데 구두에 닭 피가 말라 있다.

●

태양에 스러지는 이슬을 밟으며

꽃길을 걷는다. 버려야 할 것이 많다. 애벌레가 허물을 벗듯 떨쳐버려야 이륙할 수 있다. 뱀 한 마리가 급히 덤불 속으로 숨는다.

마당에 서서 일식(日蝕)을 바라본다

고독이 배인 청아한 소리로 우는 새가 있다

화천 읍내 제재소에서

2×2 굵기의 12자짜리 목재를 반으로 동강 내고 끈으로 묶어 차에 실었다. 철물점에 들러 망과 몇 가지 필요한 것을 샀다. 집에 도착하니 오후 2시. 마당 가운데서 후다닥 뚝딱 못을 박고 망을 치고 사람이 드나들 수 있도록 문을 만들었다. 문에는 경첩과 고리를 달았다. 가운데 횃대를 하나 가로지르니 사방 1미터 80센티 정육면체 새장이 생겼다. 다 만들고 나니 내가 새장 안에 있다. 새장 문을 열고 나왔다. 십자매 아홉 마리를 새장 안에 풀어놓으니 뉘엿뉘엿 해가 넘어간다.

●

정오가 되면 집 가까이에서 고독이 배인 청아한 소리로 우는 새가 있다. 나는 그 새를 본 적이 없다.

커다란 수리가 뒷산 허공에서 맴돌고 있다. 마당에 서서 일식(日蝕)을 바라본다. 태양의 윗부분이 검게 먹어 들어갔다.

한낮의 정적-. 수리가 낙엽송 꼭대기에 앉는다. 여느 가정이라면 욕탕을 공명시킨 아낙네의 빨래 소리가 공간을 채울 시간 … 홀로 있는 내겐 정적이 감돈다. 고요히 앉아 있던 수리가 사라졌다. 오늘은 고독이 배인 청아한 새소리가 들리지 않는다.

전화선은 외부와 연결된 유일한 통로다. 그 통로가 차단되면 나는 더욱 풍요로울 수 있으련만 무엇 때문에 그 통로로 불어오는 바람을 기다리는가.

친구 녀석들이 술을 품고 왔다. 내 계획을 말했다.
'대나무를 심어서 숲이 되면 대숲 속에서 우리 일곱 사람이 거침없이 마시자.'
'여기는 위도가 높아서 대나무는 자라지 않아 그냥 소나무로 해. 저기 소나무 많잖아.'
한 녀석이 묻는다. 왜 좋은 직장 그만두고 산에 사는 거냐? 나는 빙그레 웃는다.

올 사람도 갈 사람도 없는 곳이지만 낮에는 이럭저럭 놀며 지낸다. 낮잠도 자고 낮술도 마시고 … 진수는 밤이다. 밤은 깊어서 좋다.

주말이면 사람들이 몰려온다. 밤새 왁자지껄 웃고 떠나고 나면 부뚜막, 탁자 밑, 장독대 등 여기저기서 막걸리가 들은 검은 비닐봉지가 나온다. 대추나무에도 걸려있다.
연휴에는 규모가 커진다. 마지막 날에는 늦은 아침을 먹고 도로 정체가 우려된다며 부리나케 떠난다. 썰물처럼 빠져나간 자리에 고요가 자리한다. 갑자기 들어찬 정적에 몸서리치며 앞산의 외로운 소나무와 함께 남은 술을 마신다. 지그시 미소 지으며 술잔을 입에 댄다. 해 기우는데 무리를 이탈한 새 한 마리가 날고 있다. 울음소리가 처량하고 아프다. 고개 들어 하늘을 본다. 무심한 구름이 흘러간다. 둥지로 돌아가는 새들이 서산머리의 붉게 물든 태양 앞을 지나간다. 해 지기 전에 인사불성이 되어 눕는다. 눈을 뜨니 어둠이 깊다. 촛불을 켜고 앉는다. 비로소 '홀로 있음'의 문이 열린다. '홀로 있음'보다 값진 경험은 없다.

●

녀석들의 몸짓이 제법 새다워졌다

봄기운을 받은 울음소리가 맑아졌다. 날개에도 싱그러운 기운이 배기 시작한다. 그러나 아직 세상의 준엄한 질서에 적응하기에는 부족하다. '준엄한 질서'란 이들의 죽음을 의미한다.

새장 안에 은행나무 묘목을 심으러 들어가는데 한 마리가 얼결에 새장 밖으로 나왔다. 녀석은 세상에 노출된 것이 두려운지 끼륵끼륵 목쉰 소리로 새장을 맴돌며 들어갈 길을 찾는다. 새장 안에 있는 놈들도 걱정이 되는지 녀석의 거취를 주시하고 있다. 새장 문을 조금 열어 놓았다. 안절부절하며 지붕에서 벽으로 왔다 갔다 하더니 새장 안으로 들어간다. 아직은 이르다. 수영 초보가 산더미 같은 파도를 당해낼 수 없다. 이들의 비행에서 새장이 좁게 느껴질 때까지 기다려야 한다.

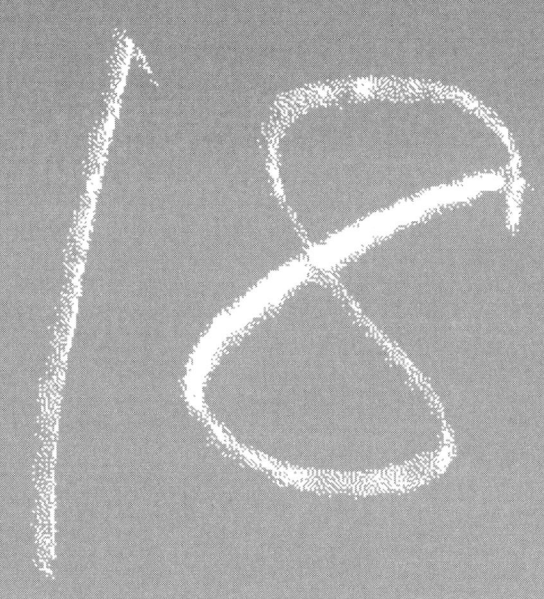

새가 머리 위에 앉았다

밝은 빛이 온몸으로 퍼진다

해가 길어지고 운동시간이 많아지며

새장이 좁게 느껴진다. 이놈들에게서 싱그럽고 상승된 에너지가 감지된다. 작은 새장에서 사는 녀석들은 바깥세상을 두려워하는데, 큰 새장에서 비행술을 익힌 녀석들이기에 슬슬 세상을 탐한다.

모이를 주러 들어서는 순간 한 녀석이 새장 밖으로 나갔다. 넓은 세상을 본 녀석이 신이 났다. 허공으로 치솟았다가 수평비행을 했다가 묘기를 부려 본다. 바깥세상 기운에 흥분한 것이다. 새장 안의 동료들이 부르는데도 못 들은 척 이리저리 날아 본다. 장독대 옆 대추나무에 올랐다가 마당을 한 바퀴 돌고는 자기가 무슨 야생조나 된 듯 뒷산으로 날아간다. 잠시 후, 뒷산에서 까마귀 소리가 들린다. 녀석은 이렇게 실종되었다. 얼떨결에 새장을 벗어나면 불안해서 어쩔 줄 모르는데 이 녀석은 전혀 다른 반응을 보였다. 새장 안에서 날아 본 것으로 자신이 날 줄 안다고 판단한 모양이다. 같은 모이를 먹고 같은 소리로 울고 같은 날갯짓을 하지만 성격은 모두 다르다.

다이달로스가 아들 이카루스와 미궁에 갇힌다. 다이달로스는 탈출을 꾀한다. 자신이 만든 미궁인데도 탈출할 수 없다. 다이달로스는 새의 깃털을 모아 날개를 만들어 날아오른다.

아들 이카루스는 태양에 너무 가까이 날아올라 날개를 붙인 밀랍이 녹아 추락한다.

●

나비는 날아다니는 꽃이다

흰나비는 흰 꽃에, 노란나비는 노란 꽃에, 호랑나비는 울긋불긋한 꽃에 앉는다. 꽃에 앉은 나비는 날개를 움직여 바람의 충격을 완화한다. 조타수가 키를 다루듯 바람을 다룬다. 꿀을 빤 나비는 춤추며 날아간다.

나비를 잡았던 손으로 눈을 비비지 말라던 어릴 적 기억 … 날개 가루가 눈에 들어가면 눈이 먼단다. 꽃을 찾아 하늘거리는 나비의 아름다움에 뜻밖에도 조심스러운 느낌이 있다.

샘가를 지나는데 하늘 가득 호랑나비 떼가 날아올랐다. 이들은 다시 내려앉아 느리고 고요하게 나래를 접었다 펴기를 반복한다. 작년에도 여기서 이런 일이 있었는데 … 이들 유전자에 우화(羽化 : 고치에서 나비가 되는 일)를 마치고 나면 물을 찾는 프로그램이 들어있나? 아니면 이 근처가 이들의 변태(알 애벌레 성충 번데기 고치 나비가 되는 과정)에 적합

한 곳인가? 뒷산 숲에서는 수많은 흰나비가 춤추고 있다. 초록색 캔버스에 움직이는 흰 점들—.

슈베르트 〈미완성 교향곡〉은 왜 미완성일까? 평소에 나는 이 문제에 대해 깊이 생각하지 않았다. 어느 날 갑자기 '아! 그렇구나' 하며 무릎을 쳤다. 왜 미완인지 알았기 때문이다. 배추밭에서 흰나비가 나는 것을 보고 알아차린 것이다. 내가 아! 하고 무릎을 칠 때 우연히 흰나비가 눈에 들어온 것인지도 모른다. 일종의 돈오(頓悟)였다. 〈미완성 교향곡〉을 들으며 깨달은 것도 아니고, 항상 슈베르트를 생각하고 있던 것도 아니다. 배추밭에서 문득 알아차린 것이다.

클래식 음악은 미적 효과를 위해 우리의 인지력을 활용한다. 인지력은 주위 환경에 따라 상대적으로 변한다. 햇빛 아래 휴대폰 화면은 거의 보이지 않는다. 불 끄고 자다가 누군가 보낸 메시지는 눈이 부셔 볼 수가 없다. '대조의 미'(對照美 Beauty of Contrast) 즉 '긴장과 이완의 대비 효과'다. 이런 인간의 지각 현상을 구조적으로 확립해 놓은 것이 소나타 형식(Sonata Form)이다. 격렬한 선율 후에 포근한 선율이 나오면 포근한 선율만 들었을 때보다 느낌이 배가 된다. 일반적으로 격렬한 1악장에 이어 편안하고 느긋한 2악장이 따른다. 그래서 2악장을 '느린 악장' 혹은 '노래 악장'이라고 한다. 아름다운 멜로디가 있다는 뜻. 교향곡, 협주곡 등이 이러한 구조를 따른다.

〈미완성 교향곡〉은 어둠 속에서 잔물결이 빠르게 움직이는 음형으로 시작한다. 그 음형 위에 비통하고 신경질적인 선율이 나타나야 하는데 사람 좋은 슈베르트가 그 위에 포근한 선율을 얹은 것이다. 야멸차지 못한 성격의 슈베르트로서는 나름 어둡고 격렬하게 썼지만 듣는 이들에게는 온화한 선율이다.

2악장에서는 2악장답게 포근한 선율이 나타난다. 아차! 전체 배열이 좀 이상하다. 대비 효과가 떨어지고 편안한 느낌이 중복된다. 자신의 내부에서 샘솟는 선율을 따라가다가 사고가 난 것이다. 3악장에 빠른 곡을 배치하려니 뒤늦은 감이 있다. 결국 3악장을 조금 쓰다가 포기한다. 그러나 앞의 두 개 악장은 인류 최고의 로맨틱한 선율이다. 그래서 3악장, 4악장이 없는 미완이지만 그 자체로 인류 최고의 작품이 되었다. 새옹지마, 전화위복 … 세상사는 알 수 없는 것이다. 배추밭에서 나비가 슬로비디오로 날았다. 나는 음악사에 남는 큰 발견이나 한 듯 기쁨에 떨었다. 나중에 클래식 음악에 관한 책을 쓸 때 이 이야기를 넣으리라 생각했다. 이후, 〈흰나비와 미완성 교향곡〉은 내 강의의 레퍼토리가 되었다.

숲 속의 오두막

●

숭호가 현관의 싸구려 금속 손잡이를 해체하더니 멀리 숲으로 던진다. 이어서 나무토막을 자르고 깎고 다듬고 … 계속 손을 놀리며 말한다.

'지원이가 운동회에서 달리기를 했는데 꽁찌했어. 녀석은 빨리 달리는 게 목적이 아니라 머리채에 달린 노란 리본이 얼마나 이쁘게 흔들리는가가 관건인거야.'

지원 엄마가 거든다.

'지원이한테 왜 그리 느리게 뛰었냐고 물으니까 날씨도 더운데 왜 빨리 뛰어야 하냐고 되묻던데요. 지 아빠하고 똑 같아요.'

나는 월든 호수를 생각했다. '어떤 이가 우리와 다른 행보를 보인다 해도 그냥 두어라. 그는 다른 북소리에 발맞추어 걷는 것이다.'(If a man does not keep pace with his companions, perhaps it is because he hears a different drummer. Let him step to the music which he hears, however measured or far away.)

'칠은 하지 않을래. 세월이 지나 손때가 묻을수록 느낌이 좋아지거든.'

현관마다 예쁜 손잡이가 생겼다. 안방 문에는 반달형, 건넌방은 네모, 모든 문에 새로운 손잡이가 붙었다. 모양이 모두 다르다.

'나무를 만질 때면 행복해. 은은한 향기와 촉감 … 나뭇결은 다듬을수록 마음을 끌어들이거든. 그 느낌이 좋아.'

나는 고기를 굽고 숭호는 사포로 나무를 문지른다. 그가 말하는 나무를 다룰 때의 좋은 느낌이란 어떤 것일까? 맥주를 많이 마신 지원 엄마가 화장실엘 다녀오더니 '형님이 가서 한 번 보세요. 좀 민망해요.' 화장실 문에 발기된 손잡이가 붙어 있다. 그걸 움켜쥐지 않고는 화장실 문을 열 수 없다.

●

수암 스님이 주신 난초 비슷한 풀에
꽃이 피었다. 어제는 두 송이 오늘은 세 송이 … 이 꽃들은 하루 만에 진다. 그리고 매일 새로운 꽃이 핀다. 보라색 꽃들, 내일은 몇 송이가 필 것인가-. 심마니가 지나가며 중얼거린다. '아이리스가 피었네.' 우리말로 '붓꽃'이다.

새들의 울음소리 … 산을 울리는 맑고 청아한 소리 … 가볍게 날아와 짧게 울고 가는 새 소리는 그 자체로 아름답다. '감동'이라는 미학적 분석이 가능한 찌꺼기도 남기지 않는다. 순간 순수한 아름다움으로 다가온다. 그래서 영악한 인간들은 새들을 잡아 새장에 넣는다. 울음소리를 듣기 위한 것이다. 그때부터 새들의 울음소리는 아름답지 않다. 그것은 외마디 절규일 뿐, 환희에 찬 생명의 소리는 아니다. 새의 언어를 아는 사람들은 새장 속의 울음소리가 아름답지 않다는 것을 안다.

새들의 울음소리는 동족들과 교신을 위한 것. 자기들만의 주파수를 사용한다. 한밤의 소쩍새 울음은 등대가 반짝이듯 '나 여기 있다'는 광고다. 그래야 이성 관계가 성립된다. 맹금류는 상대의 기선을 제압하는 무기로 사용하기도 한다.

참새, 박새 등 작은 새들은 무리를 지어 다니며 항상 작은 울음을 운다. 이들은 울음소리가 미치는 반경 안에서만 움직인다. 어쩌다 무리에서 떨어지면 재빨리 소리의 영역으로 들어간다. 이렇게 숲 속을 이동한다. 포식자에게 죽을 확률은 'N분의 1'이다. 무리가 크면 확률이 낮아진다.

'새가 통곡을 해?' 내가 쓴 국악 음반의 해설을 후배가 영어로 번역했는데 '새들이 운다'를 크라잉(Birds are crying)이라고 번역했다. 나는 '지저귄다'(Singing)로 고쳤다.

초승달이 나타나면 새장 문을 열기로 했다

의미 없는 배려일 뿐 특별한 이유는 없다. 이들의 희생을 담보한 작업이기에 마구잡이로 문을 여는 것이 죄스러웠기 때문이다. 그러나 막상 초승달은 너무 시렸다. 몇 밤이 지났다. 보름달이 떠오른다. 머리를 들어 달을 보다가 새장으로 갔다. 잠든 녀석들에게 말했다.

'새가 되어 하늘을 날지 않는 것보다 큰 치욕이 있을 수 있을까? 너희들이 있을 곳은 새장 속이 아니다.'

새장 문을 열었다.

'이제부터 행복과 시련의 이중주가 시작이다. 시련이 없으면 삶이 좀 맹하잖니. 맹한 건 손실이지만 시련은 살아있는 것 아니겠니? 고목에 앉아 울어도 보고, 앞서거니 뒤서거니 숲 속을 돌아다녀 보아라. 안개 속을 방황도 해보아라. 바람 불고 꽃이 피는 이치도 알아보려무나. 기쁠 때는 지저귀고 슬플 때는 높이 날아라. 너희들이 날면 그림자도 따라 날 것이다. 훨훨 날아라.'

창으로 들어오는 달빛을 온몸으로 받으며 아랫목에 누웠다. 떠오르는 보름달이 나뭇가지에 걸려있다. 건넛산에서 소쩍! 소쩍! 소쩍새가 운다. 새들도 꿈을 꾸겠지. 녀석들이 생긋 생긋 숲 속을 날아다니는 모습을 그리며 잠이 들었다.

모퉁이를 도니 또 다른 모퉁이가 나타난다. 모퉁이를 도니 막다른 길이다. 되돌아 나와 가보지 않은 길을 간다. 모퉁이를 도니 또 다른 모퉁이가 나타난다. 달려가 모퉁이를 도니 막다른 길이다. 되돌아 나온다. 되돌아 나와 가보지 않은 다른 길을 간다. 모퉁이를 도니 막다른 길. 되돌아 나온다. 다시 모퉁이 막다른 모퉁이 되돌아 가보지 않은막 다른 또 다른 ㅁ퉁ㅇㄱ되 ㄴㅎ으틈너촣ㅍ웅막 다른ㅍㅎㅇㄴㅎ달려츄융ㄴ퍼ᅣ펊으,가서ㄹ아ㅓ로아ㅕ퓨ᅯㅇ퓽ㅍ,ㅇㄴ퐐 … 미궁이다. 나는 하늘로 날아올랐다.

새들이 지저귀는 소리에 잠을 깼다. 창문을 열었다. 새들이 날고 있다. 빨랫줄에서 대추나무로, 마루턱에서 새장 위로, 장독대에서 부엌 문턱으로 여기저기 이리저리 위아래 좌우로 날고 있다. 스스로 날면서도 믿기지 않는 듯 신기한 듯 약간 얼빠진 모습이다. 장독 위에서 빨랫줄로 날아갔다가 한 호흡 후에 새장 위로 날아가는데, 어딘가 어색하다. 목적이 있어서 나는 것이 아니다. 하늘이 열려있는 사실이 믿어지지 않으니 괜히 날아 보는 것이다. 울음소리도 어색하다.

어느 녀석이 제일 먼저 밖으로 나왔을까? 어둠이 가시기 시작하자 기지개를 펴고 둥우리를 나왔는데 어? 문이 열려있다. 날고 싶은 녀석들이기에 열린 문으로 불어오는 바람을 크게 두려워하지는 않았겠지. 작은 새장의 새처럼 애써 외면하지는 않았으리라. 그래도 열려있는 하늘의 기운은 얼마나 당혹스러웠을까.

녀석들이 새장 가까이에서 맴도는 것은 아직 세상을 맞이할 자신이 없다는 뜻. 여차하면 새장으로 피할 생각이다. 선험적 두려움 같은 것이리라. 지금 이 녀석들의 기분이 아버지 목에 매달려 처음 바닷물에 몸을 적실 때와 같은 것이 아닐까.

늦은 아침을 먹고 마당 가운데 섰다. 봄볕이 나를 어루만진다. 새들의 유희를 본다. 며칠 사이에 제법 새가 되었다. 어설프면서도 익숙하게 여기저기 날고 있다. 날갯짓에서 아직 빠득빠득 탄력 있는 소리는 없지만 걸음마는 졸업했다. 달리기 높이뛰기 이어달리기에 '나 잡아 봐라!'를 한다. 이튿날, 더욱 새가 되었지만 아직 마당을 벗어나지는 않는다.

한 마리가 신나게 날다가 거울에 충돌하고 추락한다. 거울 속에 정말 세상이 있는 줄 알았나 보다. 그렇지 않고서야 그렇게 신나게 헤딩을 할 리 없다. 머리에 혹이 날 정도로 들이받고는 지붕 위에서 한동안 휴식 … 잠시 후, 정신이 좀 나는지 내게 날아와서 듣기 싫은 소리로 지저귄다. 항의하는 것이다. 어이쿠! 또 한 마리가 부딪는다. 안 되겠다. 거울을 뒤집어 놓는다.

'태양은 볼 수 없다.' 무언가 불가능한 것을 말할 때 쓰는 인도 속담이다. 그러나 이 속담은 틀렸다. 이 선생은 자신의 눈이 좋은 것이 태양을 보기 때문이라고 했다. 걸인이 된 자신의 신세가 한탄스러운지 취하면 젖은 눈으로 태양을 바라보고는 했다. 나도 이 선생을 따라 태양을 보고는 했다. 태양에 초점을 맞추고 똑바로 응시하면 이글이글 타는 화염을 볼 수 있다. 볼 수 있다는 자신감을 갖고 눈동자 중심에 태양을 고정시키는 것이 요령이다. 빛이 강렬하다고 피하거나 흘겨보면 결코 볼 수 없다.

가끔 붉게 물든 태양을 만난다. 응시한다. 밝은 빛이 … 너무나도 밝은 빛이 시신경과 혈관을 타고 온몸으로 퍼진다. 운이 좋은 날은 태양 앞을 새들이 지나기도 한다. 한 마리가 지나기도 하고 떼를 지어 지나기도 한다.

릴케가 열여덟 살에 '나는 언젠가 봄에 죽으리라'고 노래했던 그 몽롱한 봄날, 오전 11시-. 태양을 응시하고 있는데 머리 위에 사뿐 … 작은 무게가 감지된다. 한 녀석이 내 머리 위에 앉았다. 짜릿한 흥분이 내 몸을 감싼다. 이 녀석이 미쳤나? 새가 날아와 인간의 머리 위에 앉았다! 나는 무게에도 기쁨이 있다는 사실을 알았다. 눈동자를 태양에 고정시킨 채 숨을 참는다. 작은 움직임에도 날아갈지 모른다. 녀석은 나의 흥분에는 아랑곳하지 않고 한 10초 … 어쩌면 20초 아니 1분이 넘을지도 모르겠다. 나는 그 순간의 길이를 가늠할 수 없다. 현존 우주의 시간은 아니었다. 님은 그렇게 내 머리에 앉아 계시를 주고는 처마로 날아갔다. 태양을 바라보던 눈으로 세상을 보니 어둡다.

으악! 살쾡이 살려

반딧불이가 어두운 허공을 날아간다

바람을 타고 날아온 꽃향기

정신이 아득해진다 … 흠 흠 고개를 살짝 들고 향기에 취한다. 꽃향기가 코끝으로 들어오니 눈이 감긴다. 이 기분 … 선험적인 기억과 맞물린 … 낯설지 않은 … 그렇다! 여인들의 가냘픈 목덜미에서 오는 그 느낌이다. 아! 이것이 꽃향기에 취하는 것이구나. 그날 나는 찔레꽃 향기에 뿅갔다! 그래서 울었다. 목 놓아 울었다.

내 머리에 앉은 녀석이 어느 놈일까? 잿빛 날개에 배가 흰 녀석일 확률이 높다. 깃털의 색과 몸통의 모습은 보편적인데 하는 짓이 좀 엉뚱한 그 녀석 … 모이통에 빗물이 들이쳐 모이가 상했는데도 꾸역꾸역 먹고 설사를 한다거나, 지붕 위에서 밤나무 동산까지 날아갔다가 앉지도 않고 돌아온다거나, 이쁘거나 날래지 않고 미련한 듯 좀 무식한(?) … 인간의 머리 위에 앉을 생각, 아니 매사에 개념이라고는 없는 녀석은 이 녀석밖에 없다. 다만 직접 보지 않았으니 심증만 있을 뿐이다.

이들은 비행연습과 적응훈련을 통해 스스로 날개와 다리 근육을 키운다. 조금씩 자연의 이치를 경험하며 행동반경이 넓어진다. 그러나 아직도 마당 가운데 새장이 이들 생활의 중심축이다. 집 뒤 무덤가가 이들의 위수지역이다. 무덤 뒤 낙엽송 숲에는 들어가지 않는다. 가물다 비가 오면 지지배배 좋아하고, 비가 추적추적 내리면 처마 밑에 옹기종기 모여 앉는다. 하루가 다르게 모습과 행동거지에서 제법 야생의 티가 난다.

뭔가가 이들을 숲으로 이끌고 있다. 출근하던 나를 산으로 오르게 했던 그 기운이다. 달밤의 늑대울음을 들은 개를 잠 못 들게 하는 기운 … 내 안에서 손짓하고 있는 무인도라고나 할까. 갈매기 조나단이 사회의 불문율을 거부할 수밖에 없었던 계시 같은 것이다. 결코 외면할 수 없는 이 기운이 어쩌면 삶의 궁극일지도 모른다.

점호 시에 한두 마리가 안 보이는 듯해도 잠시 후면 어디선가 나타난다. 이제 닭처럼 마당의 텃새가 되었다. 한편, 구성원 모두 교대로 알을 품기 시작했다. 십자매들은 공동으로 알을 품는다.
와! 새끼가 열한 마리 아니 열두 마리다. 짚으로 만든 둥우리 세 개와 음료수 박스로 만든 평수가 큰 단독주택에서 마구잡이로 알을 낳고 까고 있다. 큰 둥우리의 보이지 않는 안쪽에 새끼와 알이 얼마나 있는지 알 수 없다. 새들이 알을 품고 새끼를 기를 때는 들여다보는 것을 싫어하니 뒤져볼 수도 없는 노릇이다. 예상 알이 스무 개는 넘을 것 같다. 비행하는 새가 열여덟 마리인가? 무리 지어 날고 있어서 정확한 숫자를 알 수 없다. 새끼 포함, 도합 삼십 마리 정도로 추정. 내일이면 상황이 바뀔 것이다. 모레면 또 바뀔 것이고-.

풀숲에서 쥐 한 마리가 나와 나를 향해 달려온다. 나는 급히 피했다. 녀석은 내게 눈길도 주지 않고 반대편 풀숲으로 사라졌다. 급한 일이 있는 모양이다.

초저녁잠이 들었다. 커다란 쥐가 새장에 침입한 꿈을 꾸었다. 꿈 치고는 너무 선명하다. 랜턴을 들고 나갔다. 새장 속을 비추니 꿈에서 본 것과 똑같은 쥐 한 마리가 불빛에 놀라 우왕좌왕하고 있다. 같은 일이 중학교 때도 있었고, 직장을 그만두기 얼마 전에도 있었다. 새들이 내게 텔레파시를 보냈나? 내가 모르는 어떤 자연현상인 듯-.

●

분홍색 등나무 꽃이 만발했다

등나무 향기는 자스민 향을 닮았다. 등나무 향기가 좋던 날,

뻐꾸기가 온종일 울었다. 뻐꾸기 소리를 들으면 등나무 향기가 나고, 등나무 향기가 나면 뻐꾸기 소리가 들린다. 자스민 차를 마시면 뻐꾸기 소리가 들린다.

땅에서 회초리 같은 가지가 솟더니 푸른 이파리가 난다. 이듬해에 곁가지가 나오더니 다시 이듬해 예쁜 버드나무가 되었다. 6년 후, 이렇게 자생한 버드나무와 벚나무 사이에 인도에서 가져온 해먹을 걸고 낮잠을 잘 수 있었다.

흔들흔들 낮잠을 청하는 내 머리 위에 작고 여린 푸른 벌레 한 마리가 벚나무 잎새를 맛있게 먹고 있다. 한 장을 다 먹고는 옆의 잎새 뒤에서 잠이 든다. 실바람이 불어온다. 녀석이 잎에서 실을 내어 허공에 매달려 그네를 탄다. 좋아 죽겠는 모양이다. 그놈 참! … 며칠 후면 나비가 되어 날아오르겠지. 나도 녀석을 따라 해먹을 흔들어 본다. 잠깐! 해먹은 좀 위험하다. 나처럼 잠 많은 이들은 허리 다 망가진다.

밤꽃이 피니 비릿한 내음이 바람을 타고 온다. 벌들이 밤꽃의 꿀을 딴다. 밤나무 밑으로 가면, 윙!– 많은 벌들의 날갯짓 소리가 작은 엔진소리처럼 들린다.

밤꽃이 지고 나면 새소리가 뜸해지고 뻐꾸기가 울면 장마가 시작된다. 빗줄기 속에 가을이 들어있다. 풀들이 자라고 밑둥에 공간이 생기면 풀벌레 소리가 들리기 시작한다. 장마가 끝나면 칡넝쿨에 보라색 꽃이 핀다. 이제 무더위가 시작이다. 불볕더위 속에서 가을이 익는다. 석양을 받으며 허공을 선회하는 고추잠자리. 더위가 가면 오후의 햇살이 잔잔해진다. 이제 깊은 계절이 열린다.

식물의 삶 … 한곳에 뿌리내리고 사는 삶-. 식물이 삶을 꾸려가는 방식도 괜찮은 것 같다. 주어지는 햇빛과 땅속을 흐르는 물로부터 생명의 에너지를 받고 가지는 하늘을 향해 뻗어오른다. 대지의 생명력을 한껏 받아들인 나무는 불어오는 바람을 맞아 양손을 들고 춤을 춘다. 줄기는 나무의 몸이요, 가지는 손이다. 뿌리가 이 춤을 지탱해 준다.

오늘은 그들의 삶이 부럽다. 나도 나무처럼 불어오는 바람을 맞아 생명의 춤, 환희의 춤을 추고 싶다. 그러다가 누군가에게 버혀지면 … 어와!- 그루터기만 남겠지.

어느 날 비바람에 밤나무가 쓰러졌다. 어른 두 아름이나 되는 고목이 쓰러지다니-.

'그게 어디 바람에 쓰러진 건가요? 세월에 쓰러진 거지.'

전기사용량을 체크하러 온 친구가 일러준다. 이사 올 때 아랫집 어르신께서 600년 묵은 나무라고 하셨는데, 매년 600년 인 그 밤나무다.

●

깜빡 깜빡, 반딧불이가

어두운 허공을 날아간다. 요기서 깜 그 옆에서 빡, 잠시 후 조기서 깜 그 옆에서 빡. 깜은 빛이 켜지는 것이고 빡은 꺼지는 것이다. 뽕나무 밑에서 새로운 빛이 나타나 함께 어울린다. 두 개의 파란 불빛이 춤을 춘다. 사랑의 이중주다. 어두운 캔버스에 나타나는 깜과 빡의 그래프로 녀석들의 춤을 본다. 어? 불빛 하나가 더 나타났다. 이 녀석은 방해자다. 삼각관계가 시작되었다. 깜빡깜 빡깜 빡깜

'도깨비불이에요?'

도시에서 초등학교 다니는 정민이 녀석이다. 머리 위에서 별똥별 하나 지고 있다. 어두운 하늘에서 짧게 피었다가 사라지는 별똥별-. 별똥별에는 슬픔이 배어있다. 순간존재(瞬間存在)이기 때문인가?

'사람은 저마다 별이 있단다.'

나는 오래전 할머니께 들은 이야기를 전해 주었다. 별똥별이 떨어지면 누군가 세상을 떠난 것이란다 … 밤하늘 이야기

가 할머니에게서 녀석에게로 이어졌다. 쉭! 또 하나의 별똥별이 떨어진다.

'누가 또 죽었나봐요.'

별똥별은 짧게 흐르는 빛이다. 소리가 있을 수 없다. 그러나 우리는 쉭!이라는 소리를 듣는다. 그리고 그 짧은 순간에 의미를 부여한다. '아! 누가 세상을 떠났구나.' 불합리다. 유성(流星)이 지는 일이 어찌 누가 세상을 떠난 것이란 말인가? 허구다. 허구에 의해 별이 지는 순간이 슬픔을 머금었다. 정민이가 어른이 되면 아이에게 이야기하겠지-. 사람은 저마다 별이 있단다 … 할머니로부터 이어지는 소멸의 아름다움이 전해진다.

모두 잠든 새벽이었다. 벼랑에서 추락하던 나는 두 팔을 벌려 양력을 얻었다. 사람들 머리 위를 날았다. 이상하다? 이른 새벽인데도 해가 중천에 있다. 나는 백사장에 안착했다. 사람들이 갈채를 보낸다. 며칠 전 나는 딱정벌레가 되었다. 내가 왜 딱정벌레란 말인가? 이런 불합리가 있을 수 있을까? 꿈은 비현실이다. 낯설고 모호하다. 그러나 분명 꿈은 존재한다. 지난 겨울밤, 나는 구름을 타고 나팔꽃 동네에 다녀오지 않았던가. 물론 꿈이다. 그러나 아침에 눈을 뜨니 내 손에 분홍 나팔꽃이 쥐어져 있었다. 꿈은 설명이 필요 없는 우리의 일상이다. 특별한 사건이 아니다. 일탈이다. 일탈에서 창작이 이루어진다.

어둠 속에서 깜빡이는 파란 불빛을 춤이라 했다. 사랑의 이중주라 했다. 새로 나타난 반딧불이를 방해자라고 했다. 정민이는 이들을 도깨비불이라고 했다. 어둠 속 불빛이 어떻게 춤이고 유희인가? 더구나 도깨비불이라니.

소리와 빛은 닮은 점이 많다. 물리적 파동에서도 유사하다. 춤과 음악 역시 닮은 점이 많다. 우리는 반딧불이의 이동을 '깜빡'이라는 의태어로 표현한다. 별똥별의 순간이 쉭! 소리를 동반한다. 빛이 소리로 전이되는 순간이다. 움직임의 소리다. 이미지의 흐름이다. 춤과 음악은 다른 것이 아니다. 물리적으로 태생적으로 같다. 그 본질은 하나다. 음악은 귀로 듣는 춤이고, 춤은 눈으로 보는 음악이다. 여기에 허구를 덧씌우면 예술이 된다. 예술은 이야기다. 허구의 이야기다. 반딧불이가 사랑의 이중주라는 동경이 되기도 하고 도깨비불이라는 누명을 쓰기도 한다. 별똥별은 슬픔이기도 하고 할머니가 되기도 한다. 어느 겨울날, 눈을 뜨니 내 손에 나팔꽃이 있었다.

허구를 만들어 내는 일이 창작이다. 창작은 꿈을 꾸는 일이다. 낯선 세계를 만들어 내는 일이다. 일탈이다. 피카소의 이야기는 화가 나면서 어지럽다. 백남준의 이야기는 웃긴다. 셰익스피어와 톨스토이 이야기는 깊다. 이태백에 이르러 웃음과 눈물이 작열한다. 모차르트도 피나 바우쉬도 자기 이야기를 했다. 김유정도 박시춘도 … 우리는 그 허구에 열광한다. 진실은 조작되기 쉽지만 허구와 일탈은 진실을 반영한다.

치지지익! 환하게 타면서 검은 하늘을 반으로 갈랐다. 별보다 천 배나 만 배나 밝았다. 동쪽에서 서쪽으로 날아갔는데 갈수록 밝아지다가 갑자기 없어졌다. 빈 하늘에 여운이 남는다. 망막에 남는 여운일지도 모른다. 지표 가까운 대기권에서 타버린 모양이다. 타는 동안 몇 번인가 궤도가 바뀐 것은 대기의 저항 때문이다. 검은 하늘을 가른 치지지익 소리는 귀로 들은 소리가 아니다. 빛이 들려준 소리였다. 아스라하고 순간적인 별똥별(shooting star)은 슬픈 이야기로 다가오는데 오늘의 불별(fire ball)은 천체물리학 혹은 우주론 등의 과학으로 다가왔다.

어두운 밤하늘에 많은 별들이 피어있다. 희미한 담배 연기 같은 것이 동쪽에서 서쪽으로 흐른다. 은하수다. 은하수는 많은 별이 모여있는 것이라고 했다. 쌍안경으로 은하수를 본다. 앗! 눈에 보이는 하늘 전체 별 보다도 많은 별이 쌍안경 안에서 아우성치고 있다. 이렇게 많은 것은 처음 본다. 지금까지 내가 알고 있던 많은 것은 많은 것이 아니었다. 우리가 보는 하늘의 별은 한적한 시골이고 쌍안경 속 은하수는 우주의 도시인 모양이다. 이렇게 은하수를 보다가 '많다'는 개념이 바뀌었다. 인간의 의식과 언어는 고정된 것이 아니다. 경험에 의해 변한다. 은하수에서는 와글와글 북적북적 떼별이 모여 아우성치는데 지구별에서는 접동접동 소쩍소쩍 한가하게 밤새가 운다.

커다란 별 하나가 내게 떨어진다. 나는 깜짝 놀라 벌떡 일어났다. 별은 뒷산으로 사라졌다. 잠시 후, 숲 속에 희미한 빛 하나가 움직인다. 처음 보는 빛-. 쌍안경을 내려놓고 응시한다. 풀풀풀 알 수 없는 소리가 들린다. 잠시 후, 소리는 멈추고 빛만 서 있다. 어라? 그 빛에서 이상한 물체가 나타나 흐믈흐믈 흘러온다. 사방 1미터 정도 크기의 검붉은 물체다. 앞부분에서 흐믈흐믈 이티(ET) 얼굴 비슷한 것이 생겨나 말을 건넨다. '나 우주인인데, 너 데리러 왔거든.' 코맹맹이 소리다. 인간의 언어를 합성한 모양이다. 뒷부분에서 흐믈흐믈 다른 이티가 형성된다. 밤인데 선글라스를 썼다. 선글라스가 말한다. '존말로 할 때 가자.'

여러분이라면 어찌하겠는가? 나는 고개를 끄덕였다. 안 간다고 버텨봤자 녀석들이 순순히 물러갈 것 같지도 않고, 또 평생을 떠돌거나 유배된 삶을 사는 팔자에 어쩌면 이게 복일

숲 속의 오두막

지도 모른다는 생각에 응한 것이다. 그 이면에는 '이 녀석들 음악은 어떨까?'하는 궁금증이 있었다.

  대부분의 문화권에서 음악은 오락이거나 기도였다. 고대 중국음악은 통치이념을 반영했다. 인도음악은 날씨, 계절, 시간, 신분, 감정에 따라 다른 음계를 활용한다. 아프리카 음악은 전 세계 대중음악의 모태가 되어 현존 인류의 음악을 이끌어 나가고 있다. 이렇듯 음악을 바라보는 관점 혹은 개념은 시대와 문명권마다 다르다. 지구상에서도 이러한데, 다른 별의 음악은 어떨까? 우리처럼 산소를 호흡하는 생명체가 아니라 불소나 헬륨으로 숨 쉬는 문명체가 있다면 그들의 음악은 어떤 모습일까? 나는 코맹맹이 소리로 밥 먹고 가자고 했다.

  서울에 갔다가 밤 깊어 도착했다. 방문을 열었다. '어서 오시오! 김사장 오래간만이요.' 창문으로 들어와 방안에 앉아 있던 달빛이 반긴다. 파리한 달빛을 온몸으로 받으며 앉았다. 서울에서의 부산했던 마음과 운전대를 잡으면 과속하는 심리를 달빛이 정화시켜 준다 … 얼마의 시간이 흘렀을까. 달빛이 벽에 붙어 있다. 불을 켠다. 커다란 거미 한 마리가 책상 밑으로 숨는다.

●

아침에 일어나니 새장이

난장판이다. 간밤에 알 수 없는 적에게 습격당했다. 세 마리가 죽어 바닥에 나뒹굴고 있다. 수사력을 집중했다. 감식결과 고양이로 결론을 내렸다. 산고양이 그러니까 살쾡이다. 삵이라고도 한다.

로마군이 시라쿠사의 성을 공격한다. 병사들이 사다리를 타고 오른다. 갑자기 커다란 기중기 같은 것이 나타나 사다리를 쓸어버린다. 로마군이 공격할 때마다 보도듣도 못한 기계들이 나타나 로마군을 괴롭힌다. 청동거울로 햇빛을 반사, 로마군의 배를 태우기도 했다. 믿거나 말거나 … 아르키메데스 (BC 287- BC 212)였다. 그는 낄낄거리며 재미있게 살다 갔다. 도형을 그리면서 연구하는 것은 하늘의 이치를 살피며 노는 일이다. 물이 열 받으면 끓고, 추락하는 물체에 맞으면 아프고 … 하느님의 섭리는 언제 어디서나 적용된다. 밤이나 낮이나 앉으나 서나 비가 오나 눈이 오나 기쁠 때나 슬플 때나 워싱턴이나 평양이나 … 아르키메데스는 섭리를 알고 있었다. 로마군사가 자기를 죽이러 오는데 모래 위에 도형을 그리다가 '얀마! 모래 밟지 마라'고 외치던 … 삼매에 든 상태로 살았다. 살쾡이가 내게 기계 구상의 즐거움을 주었다.

석궁을 장치할까? 살쾡이 녀석이 지나가다가 줄을 건드리

면 자동발사되는 … 이건 좀 위험하다. 깜빡하고 건드려서 내가 맞을지도 모른다. 월남전도 아닌데 -.

녀석의 동선을 예상하니 이쪽으로 올 확률이 높다. 여기다 테이블을 뉘어 길을 막으면 이쪽으로 오겠지 … 길목에 의자를 놓았다. 의자 위에 바닥이 둥근 인도 냄비를 놓았다. 냄비 위에 잡동사니를 쌓았다. 조그만 충격에도 무너지도록 엉성하게 쌓았다. 기타 줄 두 줄을 이어 길목에 설치했다. 고양이가 줄을 건드리면 잡동사니가 무너지며 그 무너지는 힘으로 테이블 위의 각목이 스르르 기울며 벽돌이 와르르 무너지도록 장치를 했다. 목적은 녀석을 다치게 하는 것, 살짝 다치기만 해도 녀석은 굶어 죽는다. 절뚝거리는 고양이에게 잡힐 새나 쥐는 없다.

저녁을 먹고 고요가 자리 잡은 마당 한가운데 섰다. 누런 살쾡이 한 마리가 터벅터벅 걸어온다. 등에 갈색 줄무늬가 있고 배가 하얗다. 새장을 습격한 그놈이다. 터벅터벅 걸어오는 모습이 핑크팬더처럼 코믹하다. 꼼짝 않고 서서 그놈의 행동을 주시한다 … 터벅터벅 우뚝! 나를 발견했다. 나는 시침을 떼고 모르는 척 서 있다. 놈도 꼼짝 않고 나를 바라본다. 5미터 남짓-. 침묵이 흐른다. 잠시 후 놈이 엉덩이를 땅에 대고 앉는다. 장기전을 펴겠다는 것이다. 나는 마네킹처럼 꼼짝 않는다. 어둠이 내린다 … 으응? 이상하다. 사람은 사람인데 움직임이 없네 … 침묵이 흐르고 어둠이 짙어진다. 저놈은 뭔데 가만히 서 있지? 살아있는 사람이 아닌가? 희한한 놈 다 보겠네. 저 녀석이 사라져야 새들을 잡아먹을 수 있는데 … 어둠이 더욱 깊어진다 … 안되겠다. 이대로 있다간 저녁을 굶겠다. 가자, 딴 데 가서 먹거리를 찾아보자. 살쾡이가 어슬렁 등을 돌리는 순간, 후다닥! 발소리를 죽이고 달려갔다. 막 걷어 차려는데 녀석의 갈비가 너무 연약해 보인다. 주춤하는 순간, 놈이 상황을 파악했다. 으악! 살쾡이 살려! 숲 속으로 튄다. 녀석, 이제는 못 오겠지. 다시 온다면 그날이 네놈 제삿날이 다. 돌아서 오다가 아차! 와르르 … 석궁이었다면 오늘이 내 제삿날일 뻔했다.

하늘에서도 새들과 포식자들의 생존게임이 벌어진다. 날고 있는 새를 측면에서 습격하기도 하고 뒤에서 덮치기도 한다. 허공에서 벌어지는 콘서트이기에 나는 그저 바라볼 뿐이다. 십자매에게 주어진 고도를 이탈한 녀석들부터 희생된다. 짬 밥이 좀 되는 고참들은 지혜롭게 안전선을 지킨다. 덤불에서 나무에서 숲에서도 준엄한 생존게임은 계속된다.

새들이 세상이 만만치 않음을 인식했다. 매의 습격, 까치의 희롱, 폭풍과 폭우 등을 경험한 새들이 근육의 힘으로만 날아 서 될 일이 아니라는 것을 파악했다. 두 점 간의 가장 가까운 거리는 직선이지만 비행에 있어서는 직선이 불리하다는 것도 알았다. 직선으로 날면 힘도 들고 속도도 느리고 포식자들에 게 희생될 확률이 높다.

이제 새들은 밤나무에서 낙엽송으로 날아갈 때 피타고라

스 정리에 의해 빗변의 길이를 계산, 예상 동선을 구한 후에 운동에너지 법칙을 적용한다. 이때 미적분을 활용한다. 우선 허공으로 몸을 던져 중력에 의해 떨어질 때 날개를 조작하여 양력을 얻어 방향을 잡고 날갯짓으로 가속한다. 이렇게 뉴턴과 라이프니츠가 발견한 사이클로이드(cycloid) 법칙을 적용하여 생존율을 높힌다. 에너지의 낭비도 적고 속도도 빠르다. 예기치 않은 상황이 발생할 것에 대비하여 예비 동작까지 염

두에 둔다. 물론 포식자들도 그들의 예기치 않은 방향 전환을 다각도로 예견하고 있다.

씨앗은 기다린다

곡식과 꽃과 거대한 나무가
씨앗 속에서 꿈꾸고 있다

가물던 땅에 비가 내린다

새들이 비를 피해 급상승한다. 피어오르는 흙내음-. 풀들이, 나무들이 갑자기 생기를 띈다. 개구리들도 신이 났다. 다시 해가 빛을 뿌린다. 앗! 무지개가 떴다. 가끔, 아주 가끔 만나는 무지개는 항상 탄성을 동반한다. 오늘 무지개를 두 번이나 보았다. 두 번째는 쌍무지개였다. 인생에서 하루에 무지개를 세 번 보고 아름다운 노을을 보고 초승달까지 보는 행운이 가능할까? 석양을 응시하고 돌아서니 커다란 보름달이 나를 내려보고 있는 경험은 몇 번 있었다만-.

모두 옥수수 파종을 끝냈는데 집 주위의 옥수수밭은 잡초에 묻혀있다.

'올해는 옥수수 농사를 안 지어요?'

'왜요. 내일 약을 쳐요.'

제초제를 뿌린다는 아랫집 어르신 말씀이다.

오후, 석양을 받으며 잡초가 우거진 밭 가운데 섰다. 줄기에 솜털과 가시가 돋은 녀석이 보라색 꽃을 피우고 있다. 엉겅퀴다. 그 곁에는 달맞이꽃 닮은 노란꽃이 웃고 있다. 그리고 이름 모를 잡초들. 이들이 오늘이 자기들 삶의 마지막 날이라는 것을 알까? 고개를 들어 먼 산을 본다. 무심히 바람이 지나고 있고 바람 따라 나뭇잎이 물결을 이룬다. 문득 윤동주

시인이 떠오른다. 노란꽃 속에서 꿀벌 한 마리가 꽃가루 범벅이 되어 나온다.

이튿날 새벽-. 경운기 소리에 잠을 깼다. 오전 내내 약 치는 펌프 소리가 들린다. 며칠 후, 누렇게 말라 죽은 잡초들을 소가 끄는 쟁기로 갈아엎고 옥수수 씨앗을 뿌린다. 소를 부리는 아랫집 어르신의 소리가 산골짝에 메아리친다.

'은셋 은셋 세에이~ ♪'

●

밭일을 한다

화장실에 모아둔 알칼리성 요소비료(인분에 재를 섞어 둔 것)를 삼태기에 퍼서 밭에 뿌린다. 고추, 도마도, 가지, 호박, 오이, 참외, 피망은 모종을 심었고 상추, 배추, 딸랑무는 씨를 뿌렸다. 구슬 같은 땀이 흐른다. 생명을 주는 귀중한 식량이다.

풀들이, 나뭇잎들이 갑자기 무성해졌다. 풀섶에 산딸기가 지천이다. 소로우는 산딸기의 맛은 시장에까지 옮겨지지 않는다고 했다. 배추가 제법 고개를 쳐들었다. 배추쌈, 배추국 … 어찌나 풍성한지 다 먹을 수가 없다. 김치를 담그기로 했다.

당근 씨를 뿌렸다. 흙을 비집고 나온 싹들이 아름답다. 당근 잎은 위에서 보면 기하학적 무늬가 대칭을 이룬다. 가냘프고 정결한 느낌이 좋다. 토양이 맞지 않나? 이파리는 무성한데 식용으로 쓸 뿌리가 자라지 않는다. 손가락 굵기의 짧은 당근이 이쁘다. 누가 이 녀석들에게 홍당무라는 이름을 주었을까? 붉은색의 홍당무는 그 자체로 미학을 간직하고 있다.

엑스 가족이 놀러 왔다. 엑스의 아이들에게 삽과 호미를 들라 하고 함께 밭으로 갔다.
'풀 밑 흙을 살살 긁어봐. 뭐가 나올 거다.'
맑은 느낌을 주는 노란 수술이 달린 흰 꽃이 진 후, 호미 끝에 달려 나오는 감자는 그 자체로 풍요롭다. 땅에서 감자가 나오니 남매가 신이 났다. 자연에는 내밀한 언어가 있다는 것을 녀석들이 안 것이다. 뒤에서 여인의 볼멘 목소리가 들린다.
'뭔 짓이래요? 이천 원이면 한 박슨데–.'
테레비 없다고 화투 사러 가자던 엑스 마누라 목소리다. 감자는 태양이 제일 긴 하지 때 수확한다.

아욱은 된장국을 끓이면 좋다. 구수하고 시원한 아욱국은 맛이 너무 좋아 문 닫고 먹는다는 이야기가 있다. 정성껏 아욱을 기르지만 내 밭에서 자라는 아욱은 작고 힘이 없어 보인다. 게다가 맛도 없다. 거름이 부족한 것도 아닌데 왜 그럴까?

'아욱은 사정 보지 말고 잘라 주어야 돼. 그래야 이놈이 크고 실하게 자라. 그냥 두면 꽃이나 피우려 하지 도대체 먹을 게 없어. 자라는 녀석을 무조건 분지르란 말야. 사정 보지 않는 게 중요해. 알았어?'

아래 동네 민석이 형님 말씀이다. 잘린 자리 옆에서 실하고 강한 줄기가 오른다.

들깨밭에서 들깨 냄새가 날아온다. 도마도 밭에 들어가면 도마도 향기가 난다. 뽑아 먹고 남은 쑥갓에 자그만 꽃이 피었다. 쑥갓은 그윽한 향기도 좋지만 꽃이 좋다. 국화 닮은 노란 꽃. 쑥갓은 국화과 식물이다.

대추나무는 늦게까지 겨울잠을 자기 때문에 죽은 나무로 오인 되어 베어지기도 한단다. 녀석은 목련꽃이 땅에 떨어지고 나서도 한참 후에야 기지개를 편다. 그리고 눈썹이 휘날리도록 급히 달려 볼품없는 꽃을 피운 후에 재빠르게 열매를 맺는다. 그리고 다시 깊은 잠을 잔다.

대추나무에 올라 대추를 딴다. 가시에 찔려도 아픈 줄 모르고 손을 뻗어 바구니에 담는데, 갑자기 깊고 푸른 하늘이 회전하며 나를 삼킨다. 나는 깊은 하늘로 빨려들었다. 한참 후에야 내가 추락했다는 사실을 알았다. 등으로 떨어졌는데 다치지 않았다. 온통 칼돌이 솟아 있는데 내가 떨어진 자리만 푹신푹신하고 보드라운 풀밭이다. 몸이 성한 것을 확인하고 나니 대추 쏟아진 것이 아깝다.

'승천할뻔 했다는 거 아닙니까.'

'대추는 바닥에 멍석을 깔아 놓고 장대로 쳐서 따는 거야. 대추나무에 올라가는 사람이 어디 있어.'

배터 솔바람 형님의 말이다. 과실나무는 올라가는 것이 아니란다. 영양분이 과실로 가기 때문에 가지가 약해서 잘 부러진단다. 살아있는 동안은 항상 죽음에 노출되어 있다.

●

씨앗을 받아 한지에 싸서

벽에 매달았다. 내년을 위한 갈무리다. 생명을 잉태한 상태로 발아를 기다리는 씨앗들-. 씨앗은 태양과 물과의 만남을 기다린다. 태양과 물과 땅의 기운이 언젠가는 자신을 깨우리라는 것을 믿는다. 씨앗은 그 자체로 종교적이다. 곡식과 꽃과 거대한 나무가 자그만 씨앗 속에서 꿈꾸고 있다.

가을걷이가 끝난 양지바른 곳에 긴 고랑을 만든다. 이곳에다 매일 똥을 누며 내년의 풍성한 수확을 기원한다. 내년에 이곳에서 삶을 영위할 채소들을 위한 보시를 하는 것이다. 햇살 아래 김이 모락모락 나는 건강한, 아니 경건한 똥에서 내년의 풍성함을 본다.

하늘의 이치에 따라

중용(中庸) 제1장
천명장(天命章)에서 말하는 성(性)이라는 것이다

마당에 앉아 책을 보는데

아주 작게 쏴아! 하는 물소리가 들린다. 마당에서 건너 계곡의 물소리가 들리는 줄은 오늘 처음 알았다. 왜 이제야 알았지? 세상이란 것이 이상한 일도 많으니 그럴 수도 있겠지. 어? 소리가 점점 커진다. 고이헌지고! 순간, 나는 벌떡 일어나 처마밑으로 피했다. 후두두둑! 추아!-. 소나기가 쏟아진다. 굵은 빗방울이 온 세상을 난타한다. 흙냄새가 피어오른다.

성원이가 전화를 했다. 남쪽에는 비가 많이 온단다. 비구름이 북상한다니 집 주위를 한번 둘러보란다. 비 피해 없도록 점검을 해보라는 안부 전화다. 가랑비를 맞으며 고추와 도마도를 단단히 비끌어 매고 집 뒤의 배수로를 더욱 깊게 팠다. 일기예보에서 오늘 저녁 100밀리 이상 많은 비가 온단다.

폭우가 쏟아지고 나면 산자락의 골마다 흰 구름이 피어오른다. 가파른 숲에서 호수로 쏟아지는 하얀 물줄기들 … 온 산이 하얗다.

방이 습하다. 땅거미가 질 무렵, 장작을 패서 아궁이에 불을 지핀다. 나무 속에서 잠자던 태양의 기운이 불꽃이 되어 춤을 춘다. 불의 하늘거리는 춤 속으로 나방 한 마리가 뛰어든다. 무슨 사연이 있길래 나방이들은 불 속으로 뛰어들어 제 몸을 태울까? 인간에게 불을 전해준 프로메테우스를 사랑했던 여인이 나방이가 되었나? 나방에 얽힌 전설이 있다면 어떤 징벌의 이야기가 될까? 나방을 유혹하는 불꽃에서 사춘기 소년을 관능으로 유혹하는 연상의 여인을 본다. 나방, 그 어두운 미(美) - . 나방은 나비와 같은 하늘거림도 없고 방향성도 확실치 않다. 나비는 앉으면 날개를 접는데, 나방은 날개를 편 채로 앉는다.

홀로 촛불을 켜고 앉았는데 똑똑! 누가 방문을 두드린다. 문을 연다. 손가락 두 배 굵기의 커다란 나방 한 마리가 문을 두드리고 있다.

유리창에 청개구리 한 마리가 붙어 있다. 너무나 보드라워 연약한 모습이다. 발가락 사이에 갈퀴가 없는 청개구리는 숲속에서 산다. 녀석은 발바닥의 끈적끈적한 빨판으로 유리창에 붙어 불빛을 보고 날아온 날벌레들을 포식하고 있다.

밤하늘에서 줄을 타고 내려온 커다란 거미가 노련한 솜씨로 좌판을 벌인다. 수많은 날벌레가 걸려든다. 거미는 허공을 성큼성큼 걸어가 거미줄에 걸려 안간힘을 쓰는 녀석들을 꽁무니에서 줄을 내어 둘둘 말아 놓는다. 아무리 몸부림 쳐도 빠져나갈 수 없다. 거미는 바쁘게 움직인다. 어? 날벌레들이 너무 모여들어 거미줄 한쪽이 망가졌다. 거미 녀석이 급해졌다. 걸려서 몸부림치는 놈들 잡도리하랴, 가게 수리하랴 … 커다란 나방 한 마리가 마지막 펀치를 날린다. 거미줄이 끊어져 허공에 휘날린다. 손님이 너무 몰려 좌판이 뒤엎어진 것이다. 넘치는 것이 부족한 것보다 못하다고 했다. 어슬렁 어둠 속에서 나타난 개구리가 각종 벌레들로 포식을 한다. 자연계에도 씨뿌리는 자와 거두는 자가 일치하지는 않는다.

김씨 어르신이 소를 앞세우고 뛰어 오신다.
'이놈 소가 체했어유. 그래서 소화되라고 뛰는 거에유.'
소가 체하면 달음질을 시키면 되는 모양이다.

'예전에는 저 산에다 철망을 치고 소를 방목했었지-. 산에다 소를 풀어놓으니 새끼도 치고 해서 모두 몇 마리인지 알 수가 없는 거야. 가끔 산에 가서 소들을 점검하는데, 갈 때 뭘 가지고 가는 줄 알아? 소금이야 소금, 소금을 들고 가면 소들이 그걸 먹으려고 어디선가 나타나.'
중서 형님 말씀이다.

'밤이면 마당에서 발자국 소리가 나요.'
'그거? 돼지야 돼지, 멧돼지.'
밤이면 이 녀석들이 마당에까지 온다는 이야기인데 … 중서 형님은 돼지를 쫓기 위해 우리 집에서 옥수수밭으로 전기를 끌어 전등을 켜 놓고 밤새도록 대야를 두드리며 옥수수밭을 돈다. 내년에는 콩을 심겠단다.

깊은 밤, 산길을 달리는 자동차 헤드라이트 앞으로 강아지만한 시커먼 동물 몇 마리가 지나간다. 멧돼지 가족이 야밤에 이동하는 것이다. 근처에 어미가 있을 텐데-.

멀건이가 전화를 했다.
'형! 돼지 조심해. 뉴스에서 보니까 이놈들이 먹이 찾으러 민가에도 내려온대.'
'여기는 안내려와.'
'왜?'
'아래서 올라와.'
'뉴스에서 그러는데 올라오는 돼지는 더 무섭대-.'
'그래 말이야. 며칠 전 밤에 마당에서 이상한 소리가 나는 거 있지. 바스락거리더니 우적우적 씹는 소리가 나더라구. 깜빡하고 마당에 둔 두부를 돼지가 다 씹어 먹은 거야. 비닐봉

지까지'

'그 놈두 참! 형이 있어 보인 모양이지. 형 걸 다 **뺏어** 먹게-.'

아무리 바빠도 낮잠을 놓칠 수 없다. 저런! 매미가 창문에 붙어 울기 시작한다. 가까이 우는 매미, 아니 쓰르라미 소리는 정말 시끄럽다.

밭일을 끝내고 방으로 들어와 침대에 눕는 순간 등에 찡! 순간적인 강한 통증, 아이고오! 튕기듯 발딱 일어났다. 찔끔 눈물이 나온다 … 벌 한 마리가 등에 깔렸다. 이놈은 나보다 더 죽겠나 보다. 갑자기 혼이 나간 놈처럼 정신없이 우왕좌왕하더니 서서히 죽는다. 이놈은 순한 놈이다. 지독한 통증은 순간이고 2분쯤 지나니 통증이 서서히 가라앉는다.

어둠 속에서 방 안 허공에 걸린 형광등 스위치를 찾다가 으악! 총 맞은 듯 바로 무너졌다. 나는 눈물을 쏟으며 종아리를 움켜쥐고 구르기 시작했다. 벌을 밟은 것이다. 30분쯤 윗목 아랫목을 굴렀다. 겨우 침대에 기어올라 고래고래 비명을 지르다가 새벽녘에 잠이 들었다.

이튿날부터는 욱신욱신 쑤시기 시작한다. 통증이 사흘간

지속 되었다. 이어 가려움이 이틀, 아주 불쾌한 심리를 동반한 묘한 느낌이 이틀 … 이 녀석들이 심리전까지 한다. 이렇게 쑤씸, 가려움, 기분 나쁜 느낌이 번갈아 가며 괴롭힌다. 여러 가지 독을 섞어서 만든 모양이다. 증상이 사라지는데 석 달 정도 걸렸다.

벌들은 침을 사용하면 죽는다. 그들은 위험이 있을 때 침을 쏜다. 죽음으로써 사는 준엄한 자연의 섭리 … 죽음을 불사하는 방어행위로 개체는 죽어도 종족은 보존된다. 종류에 따라서 침을 쏘고도 죽지 않는 벌들도 많이 있단다. 뱀에 물려 죽는 사람보다 벌에 쏘여 죽는 사람이 훨씬 많단다.

'조카들이 간다기에 옥수수나 따 보내려고 밭엘 들어갔는데 발끝이 따끔하더라구. 밑을 보니까 뱀 한 마리가 도망을 가는게야. 기래서 지게 작대기로 때려잡고 옥수수 따다가 조카들 편에 보내고 툇마루에 앉았는데 눈앞이 침침하며 가물가물한거이 영 기분이 안좋은 게야 … 기래서 한쪽 눈을 손으로 가리고 보니 앞이 보여야 할 텐데 저쪽이 보이데, 또 한쪽 눈을 감고 보니 이 눈은 또 저쪽이 보이는 게야 … 기래서 하! 저놈이 독사구나 … 독사에게 물리니까 시신경부터 마비가 오데 … 기래서 낮차 타고 나가서 주사 맞고 저녁차 타고 들어왔지.'

전화벨이 울린다. 아랫집 어르신이다.
'김씨유? 난데 바쁘지 않으믄 시내 병원에 좀 태워 주구료?'
느긋하고 편안하게 말씀을 하시지만 위급이 감지된다.
'왜 무슨 일이 있나요?'
'아니, 논에서 풀을 베다가 뱀에 물려서-.'
수화기를 내려놓고 급히 달려갔다. 차를 몰고 시내 병원으로 가며 사연을 듣는다.
'논둑의 풀을 베는데 손끝이 따끔하기에 가시에 찔린 줄 알고 있다가 아무래도 느낌이 이상해 풀숲을 헤쳐 보니 글쎄 까치독사란 놈이 또아리를 틀고 있더라구. 그래서 때려 잡구 집으로 와서 김씨한테 전화한 거지유. 망할 놈의 뱀, 벌써 두 번째예유. 우리 집사람도 두 번이나 물렸지유.'
손을 머리 위로 얹은 상태에서 하시는 말씀이다. 뱀한테 물리면 손을 심장보다 높은 위치에 두어야 한단다. 그래야 독이 덜 퍼진단다.
'언젠가 우리 딸아이가 뱀에 물려서 병원엘 갔는데 의사가 입원을 하라지 뭐예요. 그깐 뱀에 물렸다고 무슨 입원입니까. 그래서 괜찮다구 데리고 나와서 버스를 기다리는데 딸아이가 막 까부라지는 거 있죠. 그래서 다시 병원으로 데리구 가서 입원시켰지유.'

독사에 물리면 바로 죽는 걸로 알았는데 의외로 시간 여유가 있음을 알았다. 그러나 독사도 독사 나름, 살모사 같은 맹독을 가진 놈에게 물리면 즉사란다. 언젠가는 어떤 남자가 오줌을 누다가 나무 위에 있던 독사에게 목을 물려서 죽었단다.
　뱀에 물리면 입원을 하는 게 상책이란다. 많은 사람들이 뱀에 물리는데 보통 밭에서 일을 하다가 물리기 때문에 발보다는 손을 많이 물린단다. 가을 뱀이 독하다고 하는데 그렇지만도 않단다. 여름 뱀도 무섭단다.

　'김형! 풀 숲 다닐 때 뱀 조심해.'
　집으로 난 오솔길을 오르는데 밭일을 하던 장만씨 말이다.
　'요즘은 뱀이 많은 것 같지 않아.'
　'그러게 말야. 몇 년 전 까지만 해도 집 마루까지 올라오던 녀석들이 요즘은 잘 안보여.'
　'농약 때문인가?'
　'아냐, 뱀장수들이 한 마리에 삼천 원씩 준다고 해서 모두 잡아서 그래.
　'그거 보면 사람이 제일 무서워.'
　'에이, 사람이 무섭나 돈이 무섭지.'

　재만 형이 시내에서 닭을 몇 마리 사다가 마당에 풀어 놓으니 원래 있던 닭들과 어울려 물가로 간다. 새로 온 닭들은 내려놓는 순간 토종닭이 된다. 재만 형수는 낚시꾼들에게 토종닭을 잡아 도리탕을 만들어 판다.

●

수탉이 꼬끼요!

우는 소리가 듣고 싶어 닭을 사러 화천장엘 갔다. 수탉이 외로울 것 같아 암탉도 한 마리-. 그러나 수탉이 아직 어려 울지를 못한다. 그런데 이게 웬일이냐? 암탉이 매일 잘생긴 계란을 하나씩 준다. 그 고소한 맛이란 … 지금까지 먹던 계란과는 다르다. 놓아 기르니 흰자의 점도가 강하고 노른자는 색이 짙다.

푸다다닥! 꼬꼬댁 … 암탉의 비명에 뛰쳐나가니 아랫집 검둥개가 암탉을 쫓고 있다. 암탉은 필사적으로 도망친다. 다급해진 나는 신발을 들고 뒤를 쫓는다. 암탉은 밤나무 동산 무덤 곁에서 검둥개에게 물렸다. 동시에 내가 신발을 집어 던지며 덮쳤다. 검둥개는 줄행랑치고 암탉은 불편해진 몸으로 덤불 속으로 들어가 앉는다. 나는 집에서 장대를 가져와 덤불 속 신발을 건진다. 암탉은 몇 시간 고요히 명상을 하고 회복,

일상으로 돌아온다. 검둥개를 혼내주려 아랫집으로 내려가니 아주머니께서 검둥개를 묶으시며 '이눔 시키, 잡아먹으려다 놔뒀는데, 너 그러면 네 명 재촉하는 거야' 하신다.

서울에 왔다가 돌아가는데 눈이 많이 와서 해발 600미터의 배후령 고개를 넘을 수가 없다. 시내에서 자고 이튿날 집으로 오르니 처마 밑에 있던 닭들이 나를 보고 버선발로 뛰어온다. 눈 때문에 며칠을 굶주린 것이다.

'이제 닭을 가두세요. 싹이 나오면 닭들이 쪼아 먹으니까요.'
아랫집 아주머니의 요청으로 닭장을 만들고 닭들을 가두었다. 이제부터는 이 녀석들에게 물과 모이를 공급해야 한다.

모이를 주고 뒤돌아 나오는데 수탉 녀석이 뒤에서 달려든다. 반사신경으로 녀석의 따귀를 때렸다. 자신을 가둔 내가 미운 모양이다. 다음날, 모이를 주고 등 돌려 나오다가 돌아서니 녀석이 날개를 벌리고 허공에 떠 있다. 냅다 따귀를 갈겼다. 그 다음날, 모이를 주고 나오다가 싹! 등을 돌리니 역시 날개를 벌리고 허공에 떠 있다. 철썩! 따귀를 때렸다. 다음날도 같은 상황이 벌어졌다. 철썩! 그 다음날도 … 녀석은 등

을 보이면 어김없이 달려든다. 녀석은 매일 맞는다. 그러나 녀석의 습관은 고쳐지지 않는다. 그래서 닭대가리인가 보다. 내 등을 보면 녀석의 뇌에서 특이한 화학물질이 분비되는 모양이다. 노름판을 보면 돌아버리는 도박중독자처럼-. 녀석은 매일 따귀를 맞았다.

   오리 새끼 다섯 마리를 사왔다. 주먹만 한 녀석들이 잘 먹고 쑥쑥 자란다. 이들에게도 닭 모이를 주는데 가루가 많아서 목이 메는지 한 입 먹고는 막 뛰어가서 물통에다 그 넓적한 부리를 적시고는 다시 달려와 한 모금 먹고 다시 물통으로 달려가는 모습이 우습다.

   녀석들은 능청맞다. 엄살도 심하다. 배가 고프면 내 바지 끝을 물어 당긴다. 밥을 달라는 거다. 쳐다보면 뚝! 딴 곳을 보며 딴청을 부린다. 그래도 밥을 주지 않으면 꽥! 꽥! 정말 듣기 싫은 소리로 내 뒤를 따라다닌다. 닭이 냉철하고 이성적이라면 이들은 멍청하고 코믹하다.

   이 녀석들이 어느 정도 컸다 싶어 아래 연못에 넣기로 했다. 싸리 회초리로 이들을 몰고 연못으로 간다. 집에서 멀어지지 않으려고 필사적으로 반항하는 녀석들을 몰고 가는데 녀석들이 잔머리를 굴린다. 앞으로 가는 척하다가 한 녀석이 우측으로 포물선을 그리며 샌다. 이 녀석을 잡아 대열에 합류시키니 또 한 녀석이 좌측으로 포물선을 그린다. 이 녀석을 잡아넣으니 한 놈이 집으로 오르고 있다. 이 녀석도 잡아 대열에 넣고 몰고 가는데-. 모두 스톱! 녀석들이 연못을 본 것이다. 모두 목을 길게 뽑고 아래 연못을 본다. 연못에 푸른 하

늘이 비치고 흰 구름이 떠있다. 일동 차렷! 심호흡을 하더니 꽁무니를 뒤로 살짝 뺐다가 눈썹이 휘날리도록 맨발로 달려가서 풍덩! 머리부터 입수, 자유형 평형 접영 사까닥질 곤두박질 자맥질을 했다가 물 위에 두 발로 서서 날갯짓을 한다. 중용(中庸) 제1장 천명장(天命章)에서 말하는 성(性)이라는 것이다. 이렇게 녀석들이 하늘의 이치에 따라 연못에서 살기 시작했다. 아침 저녁 식사 때만 꾸엑꾸엑 시끄러운 소리를 내며 올라와 밥 먹고 연못으로 간다.

어느 겨울날 아침, 산책을 하는데 한 녀석이 나를 보고도 꼼짝 않는다. 가까이 가보니 몸이 땅에 얼어붙어서 움직이지 못하고 있다. 정말 추위에는 강한 녀석들이다. 한겨울에도 맨발로 다닌다.

이 녀석들이 알을 낳기 시작했다. 닭은 한군데에다 낳는데 이 녀석들은 아무 데나 흘리고 다닌다. 물가는 물론 연못 속에도 낳는다. 때로는 밭에서도 줍는다. 여기저기 오리알이다.

새벽 3시, 여행을 갔다가 어둠을 헤치고 집으로 올라왔다. 마당에 둔 모이가 그대로 있다. 사고를 직감한다. 날이 밝으니 아랫집 아주머니가 죽은 오리를 들고 올라오셨다.

'족제비가 잡아먹으려는 모양인지-.'

묻지도 않았는데 변명을 하신다. 자기네 개가 죽인 것이 아니라는 것이다.

암탉의 행동거지가 이상하다. 어? 왼쪽 눈이 없다. 내가 집을 비운 사이에 사고를 당한 것이다. 매가 공격했나? 아니면 어디에 찔리기라도 한 것인가?

이들과 5년을 같이 살았다. 한 마리 한 마리 사고로 세상을 떠났다. 마지막 홀로 남은 오리가 알을 품으려 한다. 외로운 모양이다. 그도 떠나고 나 홀로 남았다. 빈 닭장에 아욱, 감자, 옥수수를 심었다. 닭똥이 좋은 거름이 되어 닭장에 심은 채소들이 제일 무성하다.

찌르 찌르 … 못 듣던 새소리다

불꽃은 온도에 따라 색이 다르다
우리 삶도 열정에 따라 모습이 달라진다

잠시 집을 비운 사이 누군가

다녀갔다. 화장실에다 똥을 누고 재로 덮어 놓질 않았고 지갑에서 만 원짜리 한 장이 없어졌다. 멀리서 동네 꼬마들이 놀러 왔다. 녀석들에게 차를 대접한다. 우유를 따끈하게 데우고 커피를 작은 수저로 한술 그리고 흑설탕을 듬뿍 넣고 잘 저어주니 맛있게들 마신다.

'누가 우리 집에 놀러 오자고 그랬니?'

'얘가요'

아직 미취학 아동인 윤태가 옆의 혜옥이를 가리킨다.

'어제 변소에 똥은 누가 눴니?'

'얘가요'

이번에는 옆의 재상이를 가리킨다.

'지갑의 돈은 누가 꺼냈니?'

'얘가요.'

미취학 아동 윤태는 목청도 좋다.

초등학교 2학년 혜순이가 새를 한 마리 들고 있다.

'혜순아 그 새 놔주자.'

'아니예요. 관찰할거예요.'

녀석은 학교에서 가르쳐 준 대로 자연 공부를 하겠다는 것이다. 며칠 후 물었다.

'새는 잘 있니?'
'죽었어요.'
무표정하게 말한다.

'어제 춘천서 형사가 우리 동네에 왔었어. 근데 이장에게 김진묵씨 얌전하냐고 묻던데?'
아랫집 어르신이 걱정스러운 듯 무슨 일이 있었냐고 묻는다.
'아! 그거요. 의례적인 사찰이에요. 그들 일이니까요. 정보과에서 하는 일이 그런 거예요. 방송도 하고 글도 쓰는 직업이 이곳 주민들과 다르니까 혹시 해서 내 동태를 살피는 거죠. 괜찮아요.'
녀석들이 내가 서울에서 살 때 파출소 VIP 명단에 있던 사람인 걸 아는지 모르겠다.
후배와 함께 낚시터에서 막걸리를 마시는데 저쪽 숲에서 키 큰 젊은이가 두리번거리며 나타난다. 후배가 큰소리로 그를 부른다. 젊은이가 다가온다. 후배가 젊은이의 뒤통수를 치며 '인마 인사드려, 진묵이 형님이시다.' '알고 있어요.' 꾸벅, 젊은이가 인사를 한다. '형님 얘가요. 정보과 형사에요.'

'아주머니 왜 호박을 그렇게 빠닥빠닥 닦으세요. 그러면 오

래 보관되지 않을텐데요.'

'김씨가 호박 팔러 나가면서 한 박스 내려놨는데 이거 농약 많이 쳐서 그냥 못 먹어요. 이렇게 세제로 빡빡 닦아 랩에 싸서 냉장고 보관하면 오래 가요.'

농부들은 자기네들이 먹을 농작물은 농약을 치지 않고 따로 짓는다. 식품과 상품은 애초에 출신 성분부터 다르다.

'이상해-, 사람이 먹을 수 있는 것은 썩으면 악취가 나! 호박도 그렇고 감자도 그렇고 모든 먹거리가 썩으면 냄새가 심해.'

소는 풀을 먹고, 벌은 꿀을 먹는데 우리 인간들은 썩으면 악취가 나는 것을 먹는다. 그것은 상한 것을 잘못 먹으면 탈이 나기 때문에 좋지 않은 냄새로 판단하도록 뇌가 프로그램 된 것이다. 오랜 세월 경험에 의해 축적된 생존술이다. 벌레를 보면 징그럽게 느껴지는 것도 오랜 세월 독충에 대한 경험 작용이다. 높은 곳에 서면 오금이 저리는 것도 같은 맥락이다. DNA에 기록된 방어기제(防禦機制)다. 인간이 악취라고 하는 것을 좋아하는 존재들도 많다. 구더기는 썩은 것을 좋아하고 반딧불이는 어둠을 좋아하고 새는 높은 곳을 좋아한다.

●

산속의 호수

산골에 댐이 생기자 하늘이던 자리에 물이 찼다. 최고 수심 198미터. 예전 새들이 날던 공간을 물고기들이 날아다닌다. 그 고공(高空) 표면에 배가 떠 있다. 서울 퇴계로 5가 네거리, 간판 대신 배를 걸어놓은 가게에서 화물차로 싣고 온 조각배다.

호수 위를 떠도는 배 … 바람은 훨훨 불어 옷자락 날린다. 멀리 여객선이 지난다. 잠시 후 여객선 파도가 뱃머리를 흔든다. 찰랑찰랑 소리에 배는 가볍게 흔들린다. 뱃머리 쪽에 누군가 탈 빈자리가 있다. 석양에 쪽배가 흘러간다. 태양이 뜨거운 날은 파라솔, 아니 우산을 펴고 앉는다.

건너 기슭으로 노를 저어간다. 혼자 젓기 때문에 한쪽만 저으면 배가 제자리에서 맴돈다. 노를 끌어당기다가 마지막 순간, 배 바깥쪽으로 노를 튕기듯 밀어내면 배는 앞으로 나아간다. 이는 힘이 들뿐더러 숙달을 요한다. 누군가가 반대편에서 함께 저어준다면 속도도 빠르고 힘도 덜 들 텐데ㅡ. 잘 맞는 파트너와 함께라면 열 배에서 스무 배 정도 빠를 것이다. 그러나 이리 가자고 조르고 저리 가자고 성화라면 늦어도 홀로 가는 것이 홀가분할 터이고ㅡ.

어둠 속 호수 한복판. 쪽배 위에 서서 팔짱을 끼고 별을 본다. 찰랑찰랑 뱃전에 부딪는 물소리가 정적을 깬다. 마을의 등불이 보인다. 멀리 내 오두막 뒷산 실루엣 위에 칠성별이 누워있다. 휙! 별똥별 하나가 숨는다. 밤이 깊다. 이슬이 차다. 노를 힘껏 당긴다. 물 위의 별들이 흩어진다. 배는 조용히 미끄러진다.

어! 절벽 아래 물과 맞닿은 곳에 마치 빛을 발하는 듯 희미한 바위가 있다. 뭐지? … 호기심에 노를 저어 다가갔다. 바위 앞에 물 따라 흘러온 복숭아꽃이 맴돌고 바위틈에 작은 동굴이 있다. 한 사람 겨우 들어갈 만한 좁은 입구 … 신령스러운 기운이 감돈다. 나뭇가지에 배를 매고 동굴로 들어갔다. 조심스레 수십 보를 나아가자 시야가 밝게 트이며 마을이 나타났다. 한 노인이 나를 보더니 크게놀라며 어디서 왔냐고 묻는다. 자초지종을 이야기하니 '이웃이네요. 가끔 댁의 닭 울음소리가 들리기도 하는데 별로 오갈 필요를 느끼지 못했기에 아직 인사가 없었네요'라고 한다. 자신들은 한국전쟁의 전란을 피해 이곳으로 왔는데, 이후 세상과 단절된 채 지내왔다는 것이다. 내가 왔다는 소문에 사람들이 술병을 들고 왔다. 모두 기쁨과 즐거움에 넘쳐 있었다. 우리는 소나무 아래 자리를 펴고 마셨다, 나는 거나하게 대접을 받고 일어났다. 노인이 '이 동네 이야기는 바깥세상에는 알리지 말아 달라'고 하신다. 나는 약속을 하고 나왔다. 나중에 다시 찾아갔는데 동굴 입구를 찾지 못했다.

 가을이 무르익기 시작한 한적한 오후, 뱃놀이하다 깜박 잠이 들었다 … 바람이 배를 건너 기슭으로 옮겨놓았다. 만약 내가 잠든 사이 이 배가 누군가의 배에 부딪는다면 상대편이 화를 낼까?

●

빈 지게를 지고 호수로 나간다

빈 지게의 무게 … 등에 붙는 감촉이 좋다. 지게를 지고 나가 나무를 해오는 노동은 운동량이 부족한 건강을 지켜주는 좋은 작업이다. 땔감을 많이 실으면 힘이 들어 재미가 없고, 조금 실으면 가난하다. 재미와 풍요, 두 마리 토끼를 잡는 일은 쉽지 않다. 대부분 많이 싣고 낑낑거린다. 다시는 이런 바보짓을 하지 않겠다고 다짐하지만 매일 반복한다. 가난하게 살겠다고 이 두메로 들어왔는데도 욕심이란 녀석은 매사에 태클을 건다.

 호수에 떠내려오는 나무들은 소나무, 참나무, 자작나무 등이다. 통째로 흘러온 나무를 로프로 뱃고물에 묶고 기슭으로 저어간다. 물을 먹어 무거워진 통나무를 바위에 올려놓는다. 햇볕에 마르면 지게로 지어 집으로 나른다. 도끼로 쪼개는 노동을 거쳐, 태고부터 인간이 누려왔던 불을 지피는 유희를 한다. 이는 경제행위다.

가을부터 매일 나무를 한다. 한 지게면 이틀이나 사흘을 땐다. 마당에 땔감이 쌓인다. 눈이 오는 날은 나무를 하지 않고 게으름과 따뜻함을 즐긴다. 반가운 방문객이라도 오는 날은 불꽃파티를 한다.

'김씨는 집 뒤가 산인데 왜 멀리 강에서 나무를 한디야?'
아랫집 어르신 말씀이다.
'사람들이 김형 보고 이러던데?'
이웃 동네 백씨가 자기 머리에다 오른손 집게손가락을 대고 돌린다. 동네 사람들을 빙자한 자신의 이야기다. 나는 아메리칸 인디언 여인과 꼬마들이 죽은 나뭇가지를 안고 오는 모습에서 자연에 부응한 삶의 모습을 본다. '불을 크게 피우면 바보'라는 인디언 속담이 있다. 검소함을 덕목으로 삼는다는 뜻이다. 나는 그들의 이러한 행위를 성스러운 종교 행위로 간주한다. 가까운 곳에서 나무를 벨 줄 모르는 사람도 있을까? 참! 백씨는 이듬해 죽었다. 나보다 젊은 친구였는데-.

급하다! 땔나무하고, 토란과 감자 캐고, 배추와 근대 뽑아 국 끓이고, 부리나케 벽난로 앞에 앉아 고기 굽고 와인을 땄다. 우쉬! … 해 넘기 전에 만취하기로 계획을 세웠는데 해가 먼저 넘어갔다.

●

며칠 여행을 다녀 왔는데

짠! 파티가 있었나 보다. 죽음의 파티-. 새장 바닥과 지붕에 새들의 주검이 즐비하다. 새장 지붕에도 몇 마리가 죽어있는 것을 보니 날아다니는 적에게 당한 것이다. 한 마리가 당할 때 나머지는 도망을 갈 터인데 여러 죽음이라니-. 몇 마리가 동시에 쳐들어 왔나? 그렇다면 까치나 까마귀일 확률이 높다. 매나 수리는 홀로 지내기 때문. 어쩌면 며칠에 걸쳐서 일어난 일일 가능성도 배제할 수 없다. 그것도 의문은 남는다. 새들이 한번 당하지 여러 번 당하지는 않을 것이기 때문. 또 하나의 의문은 새의 사체가 남아있는 것. 먹지 않고 죽이기만 했다는 뜻인데 … 쥐는 최대한 많이 죽인 다음에 먹던가 말던가 하는데, 새장 지붕의 주검은 쥐로는 설명이 되지 않는다. 어느 적일까?

새들도 영악해졌다. 숲 속 어딘가에 잠자리를 마련한 모양이다. 아침이면 몰려와서 지지배배 시끄럽게 밥 먹고 가면 낮에는 코빼기도 보이지 않는다. 산속을 돌아다니는 모양이다. 이제 녀석들의 중심축은 새장이 아니다.

밥 먹으러 오던 녀석들이 요즘에는 나타나지 않는다. 모이통의 모이가 줄지 않는다. 녀석들을 본지 몇 날이 지났나? 얼마 전 여남은 마리가 오랜만에 들렀는데-. 숲을 돌아다니다가 이 오두막을 지나게 되자 잠시 둘러 본 듯 … 마당을 몇 번 선회하고는 앞서거니 뒤서거니 홀연히 사라졌다.

마지막 고추를 수확하고 텃밭을 마감한 날, 침대 옆에 새로 벽난로를 만들었다. 불꽃을 바라보며 포도주를 마신다. 불꽃은 온도에 따라 색이 다르다. 우리의 삶도 열정에 따라 모습이 달라진다. 자주색 포도주가 담긴 글라스를 촛불에 대고 한쪽 눈을 감는다. 선연한 빛깔-. 여덟 마리인가? 낮에 잠시 들렀는데-. 가을밤이 깊어 간다.

찬 바람이 불자 볕이 한결 고와졌다. 빈 새장이 을씨년스럽다. 외로움이 가득 찬 빈 둥지-. 다시 볼 수 있을까? 찌르 찌르 … 못 듣던 새소리다.

무슨 일이 있었던 것일까?

나비가 되어 향기로운 공간을 날았다

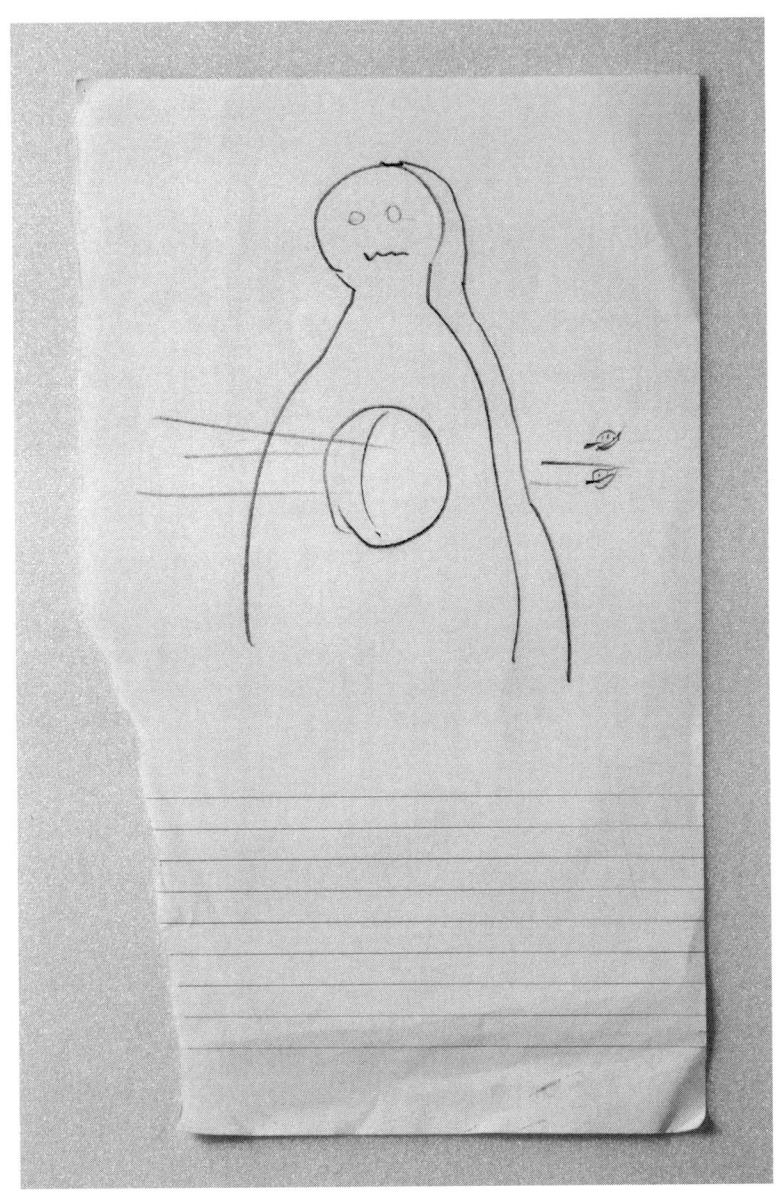

가을이 깊어지니 스산한 바람이 분다

오후 4시가 되면 해가 산 뒤로 숨는다. 가슴에 시린 바람이 일고 외로움에 피부가 아리다. 가랑잎 구르는 소리 … 호흡에 흐느낌이 묻어난다. 투명함을 동반한 쓰라림. 누군가의 체온이 그립다. 행여 누가 오지 않으려나 빈방에도 불을 지피니 한결 외로움이 덜한다.

날씨가 추워졌다. 호수의 물이 빠지면서 물가에 매어놓은 배가 산 중턱에 누워있다.

구들에 따끈하게 불을 지피고 벽난로에 장작을 넣고 신나게 땠다. 벽난로에 사용한 돌이 두꺼워서 서너 시간을 때야 돌이 뜨거워진다. 마침내 방안의 온도가 상승한다.

냉장고로 이용하는 처마 밑 비닐봉지에서 김치와 돼지고기를 꺼냈다. 참나무 숯으로 돼지 목살을 구워 뜨거운 밥에 양념이 잘된 김치를 얹어 중국산 빠이주 한 병을 마셨다 … 홍차를 끓여 마신다. 더 이상 필요한 것이 없다. 아니 부족한 것이 없다.

나는 배부른 소크라테스가 되었다. 멍때리고 앉아 불꽃의 춤을 본다. 칙 – 소리를 내며 타는 장작들. 나무의 수분 끓는 소리다. 수액이 끓는 것도 보인다. 어스름부터 때기 시작한

벽난로가 자정이 넘으니 많은 열을 낸다. 방안의 온도가 섭씨 32도를 가리킨다.

'때르르릉 … 형 어때? 날씨가 추워지는데.'

숭호 녀석이 한파주의보가 내려서 전화했단다. 더워서 옷을 벗던 나는 폭염주위보로 잘못들었다. 전화통 붙잡고 한동안 까르르 웃고 나니 겨울밤의 적막이 깊다. 적막 속에서 나는 고민했다. 알이 먼저냐 닭이 먼저냐, 인간의 본성은 악한가 착한가, 어떻게 하면 인류의 미래를 위해 이 한 몸 바칠까, 죽느냐 사느냐 고민하다 아무래도 오늘은 답을 얻을 수 없을 것 같아 소변을 보고 잠들었다. 나는 나비가 되어 향기로운 공간을 날았다. 소의 등에 앉았다. 소가 바늘귀를 지난다.

●

겨울이 끝날 무렵 여행을 떠나

여름이 시작될 무렵 돌아왔다. 집으로 오르는데 중서 형님 밭의 옥수수가 무릎보다 높이 자랐다. 무성해진 풀들을 헤치고 산길을 오르니 … 짠! 집이 잡초에 묻혀있다. 망초가 빽빽이 자라 지붕만 보인다.

내 가슴만큼 자란 망초들은 저마다 꽃을 한 송이씩 들고 있다. 꽃 숲을 헤치고 마당으로 들어선다. 징지기 징지기♪ 기타가 울고 왁자지껄 시끄럽다. 와인 잔 부딪는 소리가 난다. 고개를 젖히고 웃는 여인도 있다 … 고요한 정원 … 마당 가운데 테이블이 키가 큰 잡초에 묻혀있다. 마당 가득 꽃들의 미소-. 함부로 자르기는 좀 거시기하다. 밑둥을 잘라 최소한의 통로를 확보했다. 꽃으로 만든 미로가 생겼다. 부엌에서 테이블로 가려면 두 번을 꺾어야 한다. 미로 속 네모난 원목 테이블-. 일어서면 주위가 보이고 앉으면 꽃 속이다. 꽃 속에서 책을 보고 꽃 속에서 라면을 먹고 꽃 속에서 사랑을 한다.

가을이 끝날 무렵 여행을 떠나 이른 봄에 돌아왔다. 부엌 찬장 위에 멧새 한 쌍이 집을 짓고 새끼 다섯 마리를 기르고 있다. 이른 아침부터 어미 새들은 먹이를 물어다 새끼들을 먹인다. 어미 새가 불안한 모습으로 나를 쳐다본다. 할 수 없이 부엌 사용을 자제하기로 했다. 라면을 끓일 때도 살금살금 … 새들이 놀랄라. 새들 때문에 밤에는 부엌에도 못 들어간다. 벽에 비닐봉지가 걸려있다. 캔맥주와 라면이 들어있다. 여행 중 누군가 이 빈집엘 다녀간 모양이구나 … 김밥용 햄도 들어있는데 유효기간이 지났다. 귀퉁이를 찢어서 맛을 본다. 먹을 만하다. 라면을 부숴 먹는다. 칙- 깡통맥주를 딴다. 내일 낮에는 어미가 나간 틈을 타서 기본적인 부엌살림을 마루로 옮겨야겠다. 새끼들 크기로 봐서 하늘을 날 때까지 한 열흘 정도 걸릴 텐데-.

●

다시 겨울이 오고 첫눈이 왔다

벽난로 앞에서 불의 춤을 보다가 하늘을 우러러 통곡했다. 아프리카 여행 중 투르카나 호수 사파리에서 만난 미국 방송국 디제이와의 기억 때문이다. 내가 음악평론가라니까 그가 다가왔다. 첫날, 우리는 침방울 튕기며 음악 이야기를 했다. 패티 페이지, 엘비스 프레슬리, 지미 헨드릭스, 닐 다이아몬드, 올맨브라더스밴드 … 그가 묻는다. 프랭크 시나트라의 〈마이 웨이〉(My Way)가 폴 앵카 작사인거 알지? 알다마다 프랭크 시나트라가 〈마이 웨이〉 녹음을 수없이 남겼잖아 근데 나는 우디 허먼 오케스트라 반주로 녹음한 라이브 레코딩이 제일 좋아 독백하듯 호흡에도 여유가 있고 잘 익은 삶의 모습이 보이잖아 '무엇보다 중요한 건 내 방식대로 살았다는 거지♪'(And more, much more than this I did it my way)에서 현악선율이 서서히 증폭되는 부분이 좋아 … 그게 1974년이지? 매디슨 스퀘어 가든 공연 말야 … 둘째 날도 우리는 기억을 뒤지며 음악 이야기를 했다. 거기까지였다. 셋째 날부터 그가 나를 피했다. 우리는 미국과 영국 대중음악 이야기를 했는데 그보다 내가 많이 알고 있었다. 아니 그는 쨉도 되지 않았다. 나는 내 음악 실력이 자랑스러웠다. 온 젊음을 바쳐 내 영혼을 채운 음악들이 아닌가 … 바로 이 때문에 통곡을 한 것이다. 내가 왜? 무엇 때문에 미국음악을 미국 음악방송국 디제이보다도 많이 알고 있단 말인가? 통곡으로 해결될 일이 아니었다. 나는 역사책을 보기 시작했다. 종교사 전쟁사 미국사 노예사 한국근현대사 … 무슨 일이 있었던 것일까?

24

새가 깔깔 웃으며 내 어깨를 치고 간다

사유 속에서 또는 무사유 속에서 흐른
무수한 시간들

봄이 왔다

태양이 떠오르고 소나무 사이로 바람 불고 꽃이 피고 새가 운다. 온 천지가 벌이는 축제-. 나는 축제 속으로 뛰어들었다. 삶의 축제 … 내가 이 숲으로 들어오기 전부터 매년 벌어지던 이 축제는 내가 떠나도 변함없이 벌어지겠지-.

숲 속 오두막에서
외눈 거인이 식사를 한다.
빵 부스러기가 식탁 아래로 떨어진다.
거인의 무릎 근처까지 떨어졌다.
그 빵부스러기 안에
지금 우리가 경험하는 우주와
이와 비슷한 우주들이 무수히 명멸하고 있다.

오늘따라 날씨가 흐리고 을씨년스럽다. 밤나무 위에 오리 같이 생긴 새 한 마리가 앉아있다. 길 잃은 기러기인가? 고요히 앉아있던 녀석이 사라졌다. 면사무소 가는 길에 죽어있는 꽃뱀을 보았다. 올해 처음으로 나방이가 나타났다.

방에 엎드려 팔에 턱을 고이고 지난 신문을 본다. 눈의 핀트가 잘 맞지 않는다. 턱을 약간 드니 선명하게 보인다.

밤 깊어 달이 나타났다. 하현달 … 그렇지, 항상 보름달일 수 없지. 찼다가는 일그러지고, 또 찼다가는 일그러지고 … 지금까지 내 인생이 그랬듯 앞으로도 그럴 테지-.

●

조용함이란 시끄럽지 않은 것이다

귀로 감지되는 소리에 대한 이야기다. 고요함이란 진동이 없는 상태 즉, 몸으로 감지되는 적막이 세포 구석구석까지 들어차는 것이다. 소리 없음의 정원에서 소리라는 안개가 피어오르고 음악이라는 꽃이 핀다. 그러니까 음악의 근원은 침묵이다. 공자님께서 음악감상의 마지막은 침묵을 듣는 것이라 하셨다. 무성지악(無聲之樂), 음악평론가로서 악경(樂經 음악바이블)을 쓰신 공자님 말씀이다.

이제 음악에 미친 듯 심취하는 것이 불가능하다. 치열한 음악 구도를 통해 도달한 것이 '탈음악'(脫音樂)이라니-. 공자 왈, '아무리 음악이 훌륭해도 고요한 것만 못하느니라.' 이제야 그 뜻을 알겠다. 언제부터인가 음악을 듣지 않는 나를 발견했다. 음악에 미친 듯 심취하던 시절이 그립다. 그렇다고 내 삶에서 음악이 멀어진 것은 아니다. 음악은 오히려 더욱 성숙한 모습으로 나의 안과 곁에 존재하고 있다. 미친 듯 음악을 찾아다니던 시절의 열정이 그리울 뿐-.

이곳의 기운이 변했다. 봄이 제일 큰 상처를 입었다. 먼동이 트면 축제를 시작하던 그 많던 새들이 반의 반의 반의 반으로 줄었다. 다니던 길목에서 토끼와 노루를 볼 수가 없다. 남으로 난 창으로 들어오던 태양도 예전만 못하다. 차로 20분 정도 지점에 터널이 뚫리고 도로가 포장되며 생긴 현상이다. 예민한 계측기로 측정하면 24시간 진동하는 에너지가 있을 것이다. 귀가 아닌 영혼으로만 감지할 수 있는 고요함이 없어졌다.

멀리 가로등이 생겼다. 죽음처럼 깊은 적막이 사라졌다. 밤이면 마당에서 소용돌이치던 태고의 흑암이 없어졌다. 깊은 나락으로 나를 끌어내리던 선험적 기운도 없다. 어쩌다 만나는 별똥별도 재미가 없다. 달도 별도 바보가 되었다.

지금부터 약 이천오백 년 전, 지구에 무슨 일이 있었을까? 피타고라스(BC 580 - 500), 석가모니 부처님(BC 562 - 482), 공자님(BC 551 - 479), 소크라테스(BC 470 - 399)가 이 시대를 살았다. 노자도 공자님 또래였다는데-. 예수님은 이들 사이의 막내다. 왜 이들 성인이 그 시대에 집중적으로 나타났을까? 우연일까? 그 시대 지구의 기운이 좀 특별하지 않았을까?

떠나자. 어둠과 고요가 있는 곳으로 가자. 토끼가 세수하러 왔다가 물만 먹고 가는 깊은 산 속 옹달샘 곁에 오두막을 짓자.

그동안 삶아온 삶-. 가장 오래된 기억을 더듬어 본다 … 기억에서조차 지워진 일도 많다. 아니 대부분이 지워졌다. 나를 스쳐간 시간들-. 얼마의 시간이 내 앞에서 흘렀나. 망각의 시계를 본다. 사유 속에서 또는 무사유 속에서 흐른 시간, 구름이 흘러가듯 흘러간 시간 … 그렇게 흘러 가버린 무수한 시간들은 짧은 적막과도 같았다. 내게 남은 시간들 … 삶은 꼭 술래잡기 같다 … 꼭꼭 숨어라.

바람이 분다. 종달새 닮은 새가 깔깔 웃으며 내 어깨를 치고 간다. 아! 내가 살아있구나. 새의 언어가 들린다.

독수리 한 마리가 붉게 물든 태양을 가로질러 날아간다.

울고 간 새와

울러 올 새의

적막 사이에서

- 김수영 시 '동맥'(冬麥 겨울보리) 중에서

에필로그

여기까지가 1990년부터 2000년까지 10년간의 비행기록이다. 이후, 2000년 5월부터 통나무를 쌓아 새로운 오두막을 짓기 시작했다. '숲 속의 오두막'에서 20분 정도 걸어 들어가는 산속이다. 새로운 오두막에서는 전기 없이 살았다. 편리함 대신 밤의 상념을 택한 것. 이곳에서 20년 넘게 살았다. 그동안 경원이가 세 아이의 엄마가 되었다.

'무인도에 가서 일 년 정도 살다 오려구요.'
'거긴 왜 가냐?'
'환갑도 넘었으니 시간이 많지 않잖아요. 이제부터는 하고 싶은 건 하고 살아야겠어요.'
'아직도 하고 싶은 게 남았냐?'

어머니는 항상 걱정을 하셨다. 결국 어머니 예상대로 무엇 하나 이루지 못했지만 나는 세상에 태어난 게 좋았다.

일흔이 되었다.

장대를 버리고
걷기 시작했다.

권 말 목 차

제 1 부
새

1. 어디로 가는가?

   해가 지는 곳, 달이 지는 곳을 향하여 비행기가 날아간다

   삶을 주시하는 그 타는 듯한 눈빛이
   아침 9시까지 굴러 내린 돌을 올려놓아야 했다
   성난 멧돼지가 쫓아온다
   관객들의 웃음이 울음으로 들린다

2. 기적이 일어났다

   새들이 날아온다
   새장으로 들어간다

   기본사양만 갖추어지면 사랑에 빠지고 알을 낳는다
   멀쩡한 놈들이 사회를 어지럽힌다
   창살이 없으면 물이 있는 곳으로 날아가련만

3. 하늘에서 동아줄이 내려온다
   새는 날아가는 곳이 길이라고 했다

   웨어르 아르 유 고잉?
   백열등은 왜 저기 놓였는가

4. 무한한 자유란 막연함의 다른 이름인가
   새들이 처음 새장을 나왔을 때 기분이 이렇지 않았을까?

   미국 교수가 연구차 네팔에 가는 길에
   아지랑이에 굴절된 여인들이 물동이를 이고 간다
   가난한 개를 본 적이 없다
   물에서 소똥 썩은 냄새가 난다
   아수라장 위를 검은 나비 한 쌍이 날아간다

5. 붉은 태양을 독수리 한 마리가 가로질러 날아간다
   이 밤에 어딘지도 모르는 곳에서 어디로 갈거냐고?

   지독한 졸음에 인사불성이 되기 시작했다
   인도 도착 스물네 시간째다
   이슬이 반짝이는 지평선에서 태양이 떠오른다

6. 해골을 던져 버렸다

새들이 두려움에 나무 밑으로 숨는다
몇 마리는 큰 기쁨으로 유희를 하고 있다

입을 벌리고 자기 입안을 가리킨다
흐느적거리는 여인의 율동도 고조된다
어쩌면 그렇게 욕을 잘하세요?
이렇게 인도의 소는 신성해졌다
뻘건 불씨가 실 같은 연기를 토하고 있다

7. 봄베이 탈출

러닝머신 위에서 뛰고 있는 것이 아닐까?

넌 비행기 태워주지도 않는다니까
나는 봄베이의 모퉁이마다 괴로워했다
나는 미네르바 꽃이 어떻게 생겼는지 모른다
〈이별의 부산정거장〉 노래가 시작되었다. 오! 아부지
거울 속의 내가 히죽 웃는다

8. 인생의 강물은 흘러간다

나의 삶은 어떠한 모습으로 전개될 것인가

깊어지는 고요-. 내게 주어진 시간

9. 산으로 간 녀석들은 밤이 되어도 돌아오지 않았다
그 새들이 가끔 날아온다는 이야기를 들었다

향나무 가지에 매단 새장에서 텃새의 모습으로 살기 시작했다
언제나 이들의 대화가 들릴까?

10. 칠성별이 지평선 위에 누워 있다
지구의 모퉁이에서 잠시 쉬고 있는 나는

야속한 에리카를 나는 엄마라고 불렀다
사방이 지평선인 초원의 2층 목조
나이로비의 물은 몸바사로 흘러간다
막차도 끊어진 타베타의 밤
원시인이라고 무시하지 말고

11. 삶이란 이것, 지금 내 앞에 펼쳐져 있는 이것이다
인간이 쉴 곳은 관능이란 말인가

노르웨이 시골의 어느 주유소
등 뒤에서 축제가 벌어지는데 모르고 있다
경찰 사이카가 따라붙었다
무지개 앞의 참새 떼가 일사불란하게 방향을 튼다
웬일로 국경을 걸어서 넘냐?
여덟 시간을 벤치에 앉아 있었다

12. 무심한 바람결에 흰 구름이 흘러간다

삶은 죽음으로써 완전해지는가
하나의 서클이 완성되었다

미묘한 떨림을 가진 거대한 돔이 생겼다
백 프로 울려 드립니다!

13. 할머니 뒤로 산이 솟더니 눈이 내린다

사흘을 잘 놀았다
한 이틀 쉬자

이 선생의 손가락질은 7년이나 지속되었다
돈이 없다. 꾀꼬리!
월하떼작
조카가 집을 사느라고 무리를 했기 때문에

14. 기러기야 어디로 가느냐

건너편 산마루의 창문마다 등불이 켜진다

그 돈에 순교한 걸 노인은 모르시는 모양이다
미치광이가 잔디 위에 있네요 ♪

15. 갈매기의 꿈

야성과 지성의 날개, 두 날개의 균형만 맞으면 날 수 있다

갈매기들은 쓰레기장으로 날아간다
내겐 나만의 믿음과 확신과 예견이 있다
너무나도 하고 싶은 것이 많구나!
바람이 없으면 바람개비를 들고 달리면 된다

제 2 부
숲 속의 오두막

16. 봄의 제전
꽃향기가 날아왔다

새들이 지저귀기 시작한다
아이들이 회전하더니 천정에 거꾸로 붙었다

17. 마당에 서서 일식(日蝕)을 바라본다
고독이 배인 청아한 소리로 우는 새가 있다

새장이 좁게 느껴질 때까지 기다려야 한다

18. 새가 머리 위에 앉았다
밝은 빛이 온몸으로 퍼진다

나비는 춤추며 날아간다
그걸 움켜쥐지 않고는 화장실 문을 열 수 없다
머리 위에 사뿐 … 작은 무게가 감지된다

19. 으악! 살쾡이 살려!

반딧불이가 어두운 허공을 날아간다

자스민 차를 마시면 뻐꾸기 소리가 들린다
쌍안경으로 은하수를 본다
석궁을 장치할까?

20. 씨앗은 기다린다

꽃과 곡식과 거대한 나무가
씨앗 속에서 꿈꾸고 있다

무지개는 항상 탄성을 동반한다
새들이 내게 텔레파시를 보냈나?

21. 하늘의 이치에 따라

중용(中庸) 제1장
천명장(天命章)에서 말하는 성(性)이라는 것이다

거미줄이 끊어져 허공에 휘날린다
쓰르라미 소리는 정말 시끄럽다
맨발로 달려가더니 풍덩!

22. 찌르 찌르 … 못 듣던 새소리다

불꽃은 온도에 따라 색이 다르다
우리 삶도 열정에 따라 모습이 달라진다

세 개의 둥우리에서 정신없이 알을 낳고 까고
미취학 아동인 윤태는 사실대로 답한다
뱃놀이하다 깜박 잠이 들었다
해 넘기 전에 만취하기로 계획을 세웠는데
나중에 다시 찾아갔는데, 동굴입구를 찾지 못했다.

23. 무슨 일이 있었던 것일까

나비가 되어 향기로운 공간을 날았다

빈방에도 불을 지피니 한결 외로움이 덜한다
까르르 웃고 나니 겨울밤의 적막이 깊다
고개를 젖히고 웃는 여인도 있다

24. 새가 깔깔 웃으며 내 어깨를 치고 간다

사유 또는 무사유 속에서 흐른
무수한 시간들

우주들이 무수히 명멸하고 있다
달도 별도 바보가 되었다
세수하러 왔다가 물만 먹고 가는

'그건 좀 살려주면-.'
'아! 글쎄 안된다니까.'
' … … '

처음에 썼던 많은 글을
냉정하게 쳐낸
윤승호 시인에게 고마움을 전합니다.

아직도 귀에 남은 음성 … ,
'말 들어주면 버릴 것 하나 없어. 아까워도 버려!'

도와주신 분들

권미영 아동교육가 / 동화구연가
김성욱 (주)모두파이드 대표이사
문 준 선박엔지니어
박도현 DSM아트홀 / 대신미디어 대표
박 잎 시인
엄순미(몽심) 화가
원보경 파피루스북 대표 / 시인
이계희 메디투어코리아여행사 대표
이명해 행복나무문화사랑공간 대표
이창엽 공연기획 / 김진묵트로트밴드 조연출
이화엽 도서출판 때꼴 대표 / 시인
지용근 그래픽 디자이너
최창익 사진작가
한철희 다큐멘터리 촬영 감독
허갑균 무송(인쇄 디자인)

김진묵다큐멘터리 에세이
새

초판 인쇄 발행 2022년 9월 1일
3쇄 발행 2022년 11월 22일

지은이 김진묵
펴낸이 김진묵
그림 김진묵
내용 편집 윤승호
촬영 최창익
펴낸곳 김진묵의 음악작업실
　　　출판사신고확인증 제2020-000013호
　　　주소 강원도 춘천시 향교옆길 13번길 14(2층)
　　　birdofthesun@naver.com
디자인 무송
*본문의 폰트는 〈나눔명조〉를 사용하였습니다.

ISBN 979-11-979611-0-6 (03800)